En quête d'équilibre

DU MÊME AUTEUR

Kifouine, un tour du monde en soliDaire : un petit voilier, trois amis, quarante-cinq jeunes handicapés (avec Brice Monégier du Sorbier et Hervé Olagne), Le Cherche Midi, 2007

Éric Bellion
avec la collaboration de Rémy Fière

En quête d'équilibre

Stock

Ouvrage publié sous la direction
de Benoît Heimermann

Couverture : Julia Bourdet
Photographie © Yves Quéré

ISBN 978-2-234-09573-1

Présentations

J'ai emmailloté Léna dans la combinaison de petit ours polaire que Marie lui a achetée. Je suis descendu devant la maison en la tenant dans mes bras. Il fait bon. Sur ma gauche se dessinent les courbes douces de la plage des Sables blancs, la corniche et l'entrée du chenal qui mène à Concarneau ; devant moi, la baie est aussi calme qu'un lac. Je me suis avancé sur la grève et je lui ai dit :

– Tu vois, Léna, ce vieil océan, c'est un ami de papa. Papa va repartir naviguer et toi, quand tu seras plus grande, tu viendras me rejoindre avec maman. On s'amusera bien, tous les trois.

Puis, selon le guide du savoir-vivre maritime, je me suis adressé à l'Atlantique :

– Océan, puis-je te présenter Léna, ma fille ? Quand elle viendra te voir, s'il te plaît, occupe-toi d'elle comme tu t'es occupé de moi.

J'ignore quel sera l'avenir de cette enfant qui vient de naître, ce n'est pas à moi d'en décider ; tout comme je ne peux pas imaginer de quoi seront constitués mes prochains lendemains. Je suis de ces non-ambitieux qui n'ont jamais su esquisser de plan de carrière, mes projets ne se sont construits que dans une étrange géographie existentielle. Une géographie dont les reliefs ont été soumis aux variations des expériences vécues, aux leçons qu'elles ont daigné me dispenser et aux mouvements des terrains sur lesquels j'ai commencé à naviguer, homme de peu qui se voyait déjà quartier-maître alors qu'il n'était pas même matelot.

Quelques vagues doucereuses viennent s'échouer sur le rivage, dans un souffle léger d'abandon. Le rythme de la respiration de Léna semble se caler sur le reflux. L'océan se retire. Je n'y décèle ni révérence courtisane ni allégeance obséquieuse, la mer ne se prosterne pas, même devant ceux qui y ont passé une grande partie de leur vie. D'ailleurs, qui suis-je pour avoir la prétention de croire que la nature pourrait se soumettre à mes désirs ? Personne.

Dans quelques mois, je repartirai pour sceller à nouveau ma relation au monde liquide. Notre rapport ressemble à ce spectre vertigineux qui fait souvent correspondre l'amplitude des vagues et l'élasticité de l'âme. Ensemble, nous avons déjà surmonté des creux qui m'appelaient vers les tréfonds, puis des crêtes qui me laissaient découvrir un horizon, voire un avenir.

Aussi loin que je me souvienne, je n'ai toujours été qu'un fildefériste à la recherche d'une stabilité qui semblait toujours me faire de l'œil : les acrobates de la vie ne trouvent leur vérité qu'en avançant, qu'en glissant lentement un pied devant l'autre, passant d'un déséquilibre à un autre.

J'ai décidé de me confronter une nouvelle fois aux océans après que le Vendée Globe m'a tapé sur l'épaule, alors que je m'étais juré qu'il ne m'y reprendrait plus. Ma vie durant, j'ai poussé ceux que j'ai côtoyés à ne jamais s'enfermer dans une routine mortifère, je n'entendais pas me comporter différemment : une fois que j'avais entamé et réussi un projet, il me fallait en trouver un autre. À présent que j'avais effectué un tour du monde en solitaire, avec ses hauts et ses bas, je devais réfléchir à un nouveau dessein, plus personnel encore, si toutefois cela était possible. J'avais consenti à me laisser enfermer, tant bien que mal et avec quelques contorsions, dans une case trop exiguë, qui ne me correspondait plus. Je voulais en briser à nouveau les montants. Peut-être pouvais-je me rendre plus loin encore, construire mon propre bateau, être compétitif, disputer d'autres épreuves aussi prestigieuses que le Vendée Globe.

Jusqu'à ce qu'une ambition collective se détache devant mes yeux, celle d'imaginer la fabrication de plusieurs bateaux qui se ressembleraient et nous ressembleraient, d'éprouver ce besoin renouvelé de jouer la même partition, d'échanger sans masque ni non-dits, avant de partir valider nos choix... Ensemble, architecte, constructeurs, techniciens, équipiers et skippers, nous allions avancer d'un même pas, sans rien cacher de ce qui nous tracassait, nous surprenait, nous réjouissait, nous interrogeait ou nous faisait tressaillir.

Ma prochaine épopée de circumnavigateur allait découler de cette osmose, je le savais. Dans ce partage voulu et affirmé depuis que je suis en âge de me représenter d'autres ailleurs que celui que l'on me promettait.

J'ai changé, mûri peut-être. Apaisé, je suis toujours en quête de l'homme que je suis mais je n'ai plus peur : mon désir est simple, je souhaite éveiller mes sens dans un éventail de sensations et d'émotions qui me confirmeront le bien-fondé de ma démarche.

Je ne veux plus hisser les voiles pour mesurer mon degré de combativité, je ne veux plus m'éloigner des pontons pour me battre en duel avec l'impétuosité, sauvage et changeante, de ces mers qui ont jusqu'à présent eu le bon goût de me laisser grandir. J'entends désormais repartir pour goûter ce cocktail de bonheur et utiliser les ressources insoupçonnées que le Vendée Globe a fait jaillir en moi.

Le premier fut une expérience mystique, le prochain me permettra d'atteindre cette sérénité entrevue il y a quelques années. J'en saisirai chaque gorgée qui m'en sera proposé.

Derrière les façades au dessin baroque qui contiennent mon existence d'homme de mer, le doute et la peur ont longtemps tenu un grand rôle.

Le doute fut une bénédiction en ce qu'il m'a forcé à m'interroger sur qui j'étais et ce que je comptais entreprendre pendant mon passage ici-bas. Mais il était aussi une malédiction, une maladie qu'il est difficile de soigner : douter m'a peut-être empêché de profiter pleinement de ce que j'avais.

Chevauchant l'écume, éructant dans les hautes latitudes, entaillant de ses griffes mes espoirs et mes craintes, dans un surprenant mouvement de balancier, la peur a elle aussi toujours été à mes côtés, ou à mes basques. Elle m'a parfois brûlé les ailes au chalumeau de son omniprésence. Depuis le début de mes aventures, j'ai cherché à lui rompre les os comme on démembrait jadis les criminels. Je n'y suis pas parvenu et elle n'a pas cessé de m'accompagner, sans haine ni remords. Impavide et immortelle.

Après avoir affronté la peur de l'inconnu lorsque j'avais quitté une vie que d'autres avaient tracée pour moi, après m'être confronté à la peur de l'Autre, le différent, le pas-comme-nous, lorsque j'avais choisi de naviguer avec des personnes handicapées, je m'étais confronté à l'intimité de mes propres angoisses.

C'était lors de mon premier Vendée Globe, il y a bientôt huit ans. Une histoire de vie ou de mort, comme on dit. De haute lutte pendant la course, j'avais fini par admettre qu'il ne servait à rien de s'opposer à ses propres démons mais qu'au contraire je devais m'en faire des alliés, ou au moins des compagnons de voyage. À condition de réussir à les apprivoiser.

C'est dans le Pacifique sud que j'ai compris : en m'appliquant à rester moi-même, en regardant la boussole qui m'indiquait la direction d'un apaisement presque philosophique, en suivant un cap qui tournait le dos au pire, j'ai su qu'il était possible d'être heureux, performant et brave.

Ce n'était pas simplement que la peur avait lâché l'affaire. C'était plutôt que je n'avais plus peur de ma peur…

Léna s'est rendormie, placide comme ceux que rien n'indispose encore. Je me suis avancé vers le jusant, je me suis accroupi, j'ai pris les petites mains de ma fille et je les ai posées sur le sable mouillé. Il m'a semblé qu'elle souriait.

À quel âge est-on capable de ressentir le bonheur ?

LIVRE PREMIER

Ne jamais céder
ou comment ne pas laisser passer
ses espoirs au laminoir

Pourquoi certaines heures paraissent-elles plus longues, ou plus dures que les autres ? Je somnole, tandis que Martin Le Pape, mon coéquipier, mène *Stand as One* dans la tourmente. Nous sommes dans les premiers jours de novembre 2023, nous avons quitté Le Havre il y a une trentaine d'heures pour disputer, heureux et plutôt confiants, la Transat Jacques Vabre, traversée de l'Atlantique en duo jusqu'en Martinique. La mer est encore très forte, il n'y a pas de raison qu'à cette période de l'année elle rationne ses coups et réduise ses violences. Le vent refuse de descendre en dessous de trente nœuds, mais ce n'est pas grave, le bateau neuf fonctionne bien, deux ris dans la grand-voile, et le J3, cette petite voile prévue pour le gros temps établie à l'avant, lui donne une allure sportive.

C'est la guerre, mais j'aime ça.

Je me sens bien, je suis satisfait d'être là, même si les premières vingt-quatre heures se sont révélées délicates. Nous avons été surpris par des souffles instables et virulents d'abord, des moments de répit ensuite, comme lorsque nous avons viré de bord près de Cherbourg. Nous avons fait des quarts d'une heure, pas plus, durant lesquels nous nous sommes relayés, Martin et moi. Jusqu'à ce que, au fil du temps, nous ayons recommencé à parler, à manger, à prendre les premières photos. Avant de repartir au combat. Encore et toujours.

Là, nous virons Saint-Malo en essayant de nous abriter le plus possible des déchaînements de la mer, puis nous partons plein ouest, en direction d'un nouveau front. Le bateau accélère, nous sommes maintenant au près débridé, seize, dix-sept nœuds. La mer est dure, la nuit est longue, mais le monocoque va vite, ce qui me conforte dans mes choix de construction.

C'est à mon tour d'aller dormir un peu, le jour ne va pas tarder à pointer son nez. Je m'étends sur le sac à billes qui nous sert de matelas mais je peine à trouver le sommeil. Soudain, alors qu'il se dirige vers l'avant, Martin m'effleure la botte en passant en avant – ce qui est étrange – et crie :

– Je crois qu'il y a un problème !

Je bondis et je me rue moi aussi vers la cloison étanche prévue pour éviter que le bateau se remplisse d'eau en cas de choc. Martin me crie qu'il a senti que quelque chose avait tapé la coque au vent et que ça continue à taper dehors.

Le bateau malmené rue comme un cheval fou, je tente de pousser la porte de la cloison étanche pour rejoindre mon équipier. J'y parviens avec difficulté. Effectivement, il y a de l'eau partout et des projections de poussière de carbone m'explosent au visage. J'entends le bruit des chocs contre la coque. Quelque chose a cédé. Grâce à ma lampe frontale, je remarque que les lices, ces éléments de construction longitudinaux qui assurent et renforcent la structure de la coque, tressautent dans les vagues ; je vois aussi que la coque a explosé. Comme le jour se lève, la mer apparaît à travers la carène trouée.

Aussitôt, j'en ai le cœur en fragmentation, car je sais quelle est la décision à prendre. Je dis à Martin qu'il faut abattre, que la course est terminée pour nous, il faut faire demi-tour.

Nous nous éloignons du lit du vent pour trouver un peu de calme et offrir au bateau le moins de gîte possible. Nous faisons cap vers l'Angleterre en sachant que lorsque le vent tournera, il nous guidera vers les côtes de Bretagne Nord et nous ramènera probablement jusqu'à Port-la-Forêt, notre port d'attache.

Une fois *Stand as One* sécurisé, nous constatons l'ampleur des dégâts sur le pont. Le côté tribord a souffert mais on ne peut pas vraiment mesurer les impacts sous la ligne de flottaison. Le J3 est déchiré et impossible à renvoyer. En mer, le lot des galères maximales est une composante essentielle…

Il faut surtout enclencher immédiatement la pompe électrique pour rejeter les trois ou quatre tonnes d'eau de mer qui se sont engouffrées derrière la cloison étanche. Autrement, la pression risque de déchirer la coque encore plus.

Aspirer l'eau n'est jamais une partie de plaisir : la première pompe tombe en panne très vite, la deuxième tient quelques heures de plus avant de lâcher à son tour. Même si nous nous relayons dans un froid de gueux, il nous faut ressortir de la cale toutes les dix minutes avec la pompe, démonter l'engin, le nettoyer en enlevant les bouts de carbone qui bouchent la crépine d'aspiration, reposer le filtre, remonter l'ensemble, le réinstaller et réamorcer…

Rien de mieux que le bon vieux seau, prétendent les marins aguerris.

Heureusement que l'électricité fonctionne, nous allons pouvoir nous débrouiller sans appeler les secours. Au moins pour aller jusqu'à Roscoff, le port le plus proche, où Simon et Maël, puis toute l'équipe avec Marie, nous accueillent quelques heures plus tard.

Le lendemain matin, David Raison, l'architecte du bateau, arrive à son tour, accompagné de Xavier Douin, le responsable de la structure du monocoque. À mes yeux, tout est déjà fini. J'ai néanmoins besoin de comprendre ce qu'il s'est passé. Un tronc d'arbre, un container, un gros mammifère, ou juste la démesure de la mer ? Peu importe ce qui a ouvert en deux mon bel oiseau bleu, je ne peux qu'être dévasté lorsque je découvre l'étendue du désastre. Sous les lisses cassées qui se sont décollées pendant la nuit, deux trous béants. La cloison est explosée. Que faire ? Rien pour Marie et moi, à part ruminer notre désespoir. Nous décidons de rentrer à la maison et de laisser les spécialistes s'occuper du bateau.

Nous sommes mercredi. Tout s'est écroulé, je ne crois plus en rien.

*

Stand as One était pourtant prêt. L'équipe avait travaillé comme jamais pour que nous soyons au départ, Martin et moi, de la première course de mon existence à la barre d'un bateau neuf.

La Transat Jacques Vabre donc, dont le départ avait été modifié à cause de la tempête *Ciarán* qui ravageait alors l'Atlantique. Les organisateurs de l'épreuve avaient choisi, à notre grand regret, d'empêcher notre classe, la fameuse jauge Imoca, celle des monocoques de soixante pieds du Vendée Globe, de prendre le départ. Alors que les Ultim, les gigantesques multicoques de trente mètres, plus puissants et plus rapides, avaient eu l'autorisation de s'élancer ; de même que les « Class40 » – qui mesurent quarante pieds, soit un peu plus de treize mètres, plus petits que les nôtres –, qui avaient finalement été contraints de se réfugier à Lorient, c'était un ordre, pour se protéger des éléments déchaînés.

Pour nous, seulement le sentiment de rater la fête et une attente de dix jours avant d'avoir enfin la possibilité de larguer les amarres pour traverser l'Atlantique jusqu'en Martinique.

J'avais dû rentrer à la maison et ronger mon frein. J'étais insupportable, absent par l'esprit, sans cesse à consulter les fichiers météo, à la grande surprise de Léna qui ne comprenait pas pourquoi, après l'avoir embrassée, j'étais déjà de retour à la maison.

Je n'avais rien à faire et rien envie de faire. Mon agenda, désespérément vide puisque je devais être en course, me renvoyait vers un néant qui m'énervait.

Jusqu'au moment où nous avons eu l'autorisation de prendre le départ, deux jours avant la collision invraisemblable. Même si ce n'était pas le scénario que j'avais envisagé, je suis persuadé que les aléas font partie de l'aventure et qu'il devait sans doute être écrit en petit sur le contrat : « Il est possible que tu casses pendant la Jacques Vabre et que ce soit une sacrée mauvaise nouvelle. »

Mais on ne lit jamais les avenants minuscules que proposent les mesquineries de la vie !

*

Quelques jours après que nous nous soyons arrêtés à Roscoff, le samedi, je reçois un coup de téléphone de David, l'architecte :

– Éric, je ne sais pas si je devrais te le dire, mais il est peut-être possible de réparer le bateau pour que tu puisses repartir en course.

La proposition n'est pas anodine, car cette transat à deux est particulièrement importante. Une fois achevée, elle se double d'une course en solitaire, baptisée « Retour à La Base ». C'est l'une des dernières portes à ouvrir pour pouvoir, l'année suivante, être au départ du Vendée Globe.

Une histoire de règlement : pour l'édition 2024 du tour du monde en solitaire, et afin de limiter le nombre d'inscrits à quarante, les organisateurs n'ont offert que treize places pour les bateaux neufs, comme le mien. Or, pour l'heure, nous sommes quatorze prétendants.

Dans ce long bréviaire de règles récemment modifiées, il faut, pour se qualifier, avoir pris le départ d'au moins une transat en 2023 – ce qui est mon cas depuis que je suis parti du Havre avec Martin, mais je ne suis pas le seul – et en avoir disputé une autre en solitaire. C'est là que les choses se compliquent un peu. Mais si je pouvais repartir à bord de *Stand as One*, arriver en Martinique avec Martin puis traverser seul l'Atlantique dans l'autre sens, j'aurais quasiment en poche ma qualification pour le prochain Vendée Globe.

La proposition de l'architecte mérite donc réflexion. Il est dix-huit heures. Je fais écouter le message à Marie. En une seconde, un espoir fou renaît. Nous appelons Arthur Dahringer, notre directeur technique, jeune homme multi-talentueux qui s'apprêtait à prendre quelques vacances méritées après avoir enchaîné les jours et les nuits au Havre, avec le reste de l'équipe, pour préparer le bateau. Je lui propose de reporter ses congés afin de se joindre à nous pour cette aventure de la dernière chance :

– Arthur, on va faire l'impossible, on va réparer le bateau !

– Non ? »

D'abord abattu, il réfléchit un moment et finit par accepter ce nouveau défi. Il nous donne son accord en précisant :

– Après, je vous laisse, je pars, c'est fini.

Je ne sais quoi répondre, j'espère qu'il va se raviser et rester avec nous. Nous ne voulons surtout pas qu'il nous quitte.

En attendant, il faut tout essayer, trouver au plus vite les experts en composite capables de réparer la coque. Je suis persuadé que nous pouvons et que nous allons y arriver. Je suis comme ça.

Commence alors la valse des hommes qui ne s'arrête jamais, avec l'intérieur du bateau d'abord, collage des peaux, ponçage. Une véritable mission commando. À la hussarde, nous devenons les guerriers d'un impossible auquel nul n'est jamais tenu. On baptise l'opération « Mad Max », pour le côté fou de l'enjeu et pour l'aspect non fignolé du travail. Le bateau doit redevenir une machine de guerre, tout simplement. Sans fioritures ni couches de peinture pour masquer les réparations. La chirurgie esthétique, nous verrons ça plus tard.

Nous y mettons tout notre cœur. Les bannettes accueillent à heures plus ou moins régulières ceux qui viennent se reposer et réveillent doucement ceux qui doivent retourner au turbin…

Il faut ensuite organiser la sortie du bateau de l'eau pour pouvoir travailler sur l'extérieur de la coque. Pour cela, nous devons le poser sur un ber, une charpente de métal qui soutiendra la coque. Pas une mince affaire, à Roscoff. Trouver le ber, puis la grue, puis les bonnes conditions météo, parce qu'à cause des tempêtes qui se succèdent, la houle a pris possession du port et le vent empêche le levage du bateau, alourdi par son mât-aile et le fardage important.

Et puis, un matin plus calme que les autres, l'opération commence. À la cosaque. Le bateau est un peu trop lourd pour la grue que nous avons fait acheminer, des alarmes ne cessent de sonner, je suis dans un état de stress maximal jusqu'à ce que le monocoque repose enfin sur sa charpente de soutien.

J'y crois toujours. Il nous reste encore un peu de temps. Puis l'expert en composite, que nous attendions une fois le bateau à sec, arrive et anéantit mes espoirs de repartir. Nous sommes déjà mercredi, en début d'après-midi, et cela fait plusieurs jours que tout le monde sue sang et eau pour me permettre d'y croire. Mais le spécialiste est formel :

– Ce n'est pas possible, les dommages sont trop sérieux, ce ne serait pas prudent de repartir comme ça.

Cette fois, c'est bel et bien terminé.

Le combat va désormais changer d'âme, alors que je suis toujours coincé dans un étrange ascenseur émotionnel. Et si ce bateau avait été mal construit ? Et s'il ne possédait pas la qualité requise ? Et si la structure était entièrement à revoir ? À moins que les dommages ne soient que le résultat d'une collision avec un de ces fameux ofnis, objets flottants non identifiés, de moins en moins rares sur nos mers si fréquentées. Je transpire des angoisses viscérales, irraisonnées, je cauchemarde le pire : mon projet de Vendée Globe à abandonner, l'enquête pour comprendre, les querelles d'avocats sans fin, les longues années de procédures. Parce qu'à la vitesse atteinte par nos bateaux, les chocs sont si forts qu'il est difficile d'en comprendre l'origine.

Une partie de la coque doit être remplacée, environ quatorze mètres carrés à l'avant et sur le côté, là où ont eu lieu les deux impacts.

Je sais à présent ce qu'il nous reste à faire. Réparer pour être dans les temps. J'ai en effet dans le viseur, pour le printemps 2024, la Transat CIC, l'ancienne et célèbre « Transat anglaise », épreuve en solitaire qui doit cette année s'élancer de Lorient le 28 avril pour arriver à New York. Après quoi j'envisage de m'aligner, si tout se passe comme je l'espère, au départ de la course retour New York-Vendée Les Sables d'Olonne, dernière épreuve qualificative pour le Vendée Globe et ultime répétition générale avant le grand départ. Le coup de canon dans la baie de Hudson est prévu le 29 mai. Celui du Vendée, un peu moins de six mois plus tard, le dimanche 10 novembre…

J'ai plus que du pain sur la planche, il me faut trouver la farine, la levure, les moules et le four. Déjà qu'il nous manquait 500 000 euros pour boucler notre budget, Marie et moi devons en sus dénicher le plus rapidement possible 300 ou 400 000 euros supplémentaires pour financer les travaux inattendus. Mais nous avons l'habitude, cela fait partie de la panoplie du marin que j'enfile depuis une bonne vingtaine d'années. À force de ténacité, de travail, de sueur et de serrements de coudes, nous parvenons à réparer le monocoque. Me voilà donc au départ de la transat. Mais dans quel état et avec quel objectif ? Il me faut absolument terminer cette course pour obtenir mon billet pour mon prochain tour du monde.

Seule éclaircie dans cette grisaille existentielle, nous ne sommes finalement plus que treize bateaux neufs à pouvoir prétendre être directement qualifiés pour le Vendée Globe. Le quatorzième concurrent, l'Américain Phil Sharp, ayant dû déclarer forfait parce qu'il n'aura pas pris le départ d'une transat en 2023 comme nous l'imposait le règlement de la course.

Toute la difficulté de la transat anglaise CIC tient en un mot : « pression ». Sur mes épaules repose le poids pas vraiment formalisé, mais impératif, de terminer et de qualifier le bateau et son skipper pour la suite de notre aventure commune. Pour moi, bien sûr, pour l'équipe, pour les partenaires, pour la joie et la confiance qui ne manqueront pas de revenir au cœur de notre projet.

Je sors d'un chantier très compliqué, je pars un peu dans l'inconnu après avoir quasiment « jeté » le bateau à l'eau, le 25 mars dernier, pour que je puisse partir. Un mois plus tard, c'est le départ. J'ai à peine eu le temps de naviguer, de retrouver mes marques, sans parler de réellement m'entraîner.

D'autant que cette transat est réputée pour sa dureté et les difficultés qu'elle propose au marin en cette période de l'année. On dit entre nous qu'en deçà de la latitude de Lisbonne, on peut souffler car il n'y a pas de tempête. Là, nous sommes largement au-dessus, dans des mers peu accueillantes, voire méchantes, notamment vers les bancs de Terre-Neuve.

Pour moi, c'est un peu comme arriver au ski et commencer d'entrée par la piste noire qui descend sous le télésiège. Je n'ai pas fait de solitaire depuis deux ans, je compte peu de navigation à mon actif l'an passé et je suis en manque de repères. Mes seuls objectifs sont donc de ne pas casser le bateau, ne pas me blesser et d'aller jusqu'au bout.

J'ai terminé vingtième sur trente-trois Imoca. La place importe peu, je suis fier et heureux de ce que j'ai accompli. J'ai fait ma course en m'écoutant, en écoutant le bateau, en apprenant à le connaître, en lui parlant.

Je suis revenu entier, lui aussi. En super état.

Il n'en avait pas en partant, mais je sais maintenant qu'il a une âme. Une belle âme, féminine. Elle et moi avons encore bien des choses à nous dire.

Nous poursuivons notre découverte mutuelle lors de la New York-Vendée, transat retour qui nous ramène tous les deux aux Sables d'Olonne.

Et les dernières heures de la course sont exaltantes. Parce que mon bateau, surtoilé, semble voler, parce qu'il fait pratiquement jeu égal avec les foilers, parce que la mer est plate, parce que le bonheur me semble à nouveau à portée de main.

Les premiers jours de la course se sont en revanche révélés délicats tant les caprices météo ont été déroutants et difficiles à décrypter. Établir une stratégie n'a rien eu d'évident. Un concurrent – Borris Herrmann – a choisi de partir vers le nord pour contourner l'anticyclone qui bloquait notre route ; tous les autres comme moi, plus « sudistes », ont tenté de passer l'énorme bulle par le bas, au près sur une mer lisse, alternant les grains toujours redoutés tant il faut réagir vite lorsqu'ils fondent sur nous.

Je me fais néanmoins plaisir à chaque instant, même lorsque les fichiers météo qui me parviennent manquent de lisibilité. Je sors alors sur le pont, je regarde la mer, je sens la présence ou l'absence du vent... Parfois, un dauphin passe comme s'il entendait partager ces instants fugaces avec moi.

Durant quatorze jours, dix-neuf heures et une poignée de minutes, je me conforte dans la satisfaction de naviguer sur le bateau que j'ai créé et qui me ressemble. Je suis content : la répétition des gestes et des manœuvres nous rapproche, nous apprenons à nous connaître mieux encore, lui et moi. Un virement de bord, un changement de voile d'avant, un empannage me semblaient hier encore chronophages. Leur multiplicité durant la course me permet de me sentir de plus en plus à l'aise, j'ai même l'impression que mon bateau rétrécit au fil des jours tant je trouve mes marques, mes repères, mon rythme. Une confiance mutuelle nous entoure et c'est diablement bon !

J'arrive aux Sables d'Olonne à la dix-septième place, étonnamment frais, n'ayant connu ni souci physique, ni casse matériel, constatant avec plaisir que je me suis refait des mains de marin. Solides, fortes, conquérantes peut-être.

J'ai néanmoins besoin d'un peu de repos. Je sais que le temps va filer jusqu'au grand départ du mois de novembre : si tout se passe comme je l'espère, j'arriverai en pleine forme et débordant d'envie pour mon deuxième départ dans les immensités de la grande solitude.

Ce qui fut rarement le cas lors de mes aventures précédentes…

Intermezzo #1

Novembre 2019, îles Marquises, à bord de la goélette Ahoy.

Une petite baie révèle sa profondeur entre rochers noirs et maquis verdoyant. Au fond, une montagne protège de l'alizé la plage de sable blanc et ses cocotiers. Quelques chèvres sauvages s'interpellent sur un sentier quand l'ancre tombe avec fracas dans l'eau translucide. Une myriade de poissons multicolores se précipitent pour graviter autour de la chaîne. Marie, Lulu et moi pensons être les seuls êtres humains de ce paradis.

Nous débarquons. Je recherche un arbre suffisamment proche de l'eau pour y amarrer l'annexe quand jaillit du sous-bois un homme. Beau, baraqué, avec de longs cheveux noirs. Il touille nerveusement un café dans un mug en fer, le regard mauvais. Son short de bain est sale. Je m'avance en souriant.

– Kaoha !

Il ne répond pas.

– C'est beau, ici !

Il ne me quitte pas des yeux et ça me déstabilise.

– Pourquoi c'est beau ? répond-il sèchement.

Il désigne la goélette en continuant d'agiter sa cuillère.

– Vous comptez rester combien de temps ?

– Nous partons demain. C'est le premier endroit que l'on visite aux Marquises. Je m'appelle Éric, et toi ?

– Vous venez d'où ?

– Du Panama.

– Vous avez mis combien de temps ?

– Vingt-huit jours.

Un sourire, furtif.

– Pourquoi les Marquises ?

– Parce que des amis m'ont fait rêver…

– Qu'est-ce qu'ils ont dit ?

– Que les gens étaient très accueillants et…

– Vous allez pêcher ?

– Oui.

– Si vous pêchez, assurez le tir. Ne blessez pas les poissons pour rien.

– Nous ne chassons que pour manger.

Je montre le sous-bois derrière lui.

– On peut aller marcher un peu ?

– Non.

Je le dévisage, interloqué. Steeven (il me dira son prénom plus tard) reprend :

– J'ai fait visiter à des gens qui ont posté des photos ensuite sur Internet. D'autres sont venus et ont tout saccagé.

– Mais nous n'avons pas d'appareil photo.

J'écarte les bras pour qu'il puisse le constater par lui-même.

L'homme sourit vraiment.

– C'est bien la première fois que je vois ça. Cinq minutes alors.

Notre hôte se révèle érudit et bavard. Le petit bois qu'il nous fait découvrir est en réalité un véritable potager planté par ses aïeuls. Ici il pointe un arbre fruitier ; là une plante médicinale dont il dit tirer une huile aux vertus cicatrisantes.

– Je le reconnais ! C'est du tamanu ! C'est ce que j'ai appliqué sur mon dos après m'être fait tatouer.

Il se retourne brusquement, suspicieux.

– Tu as un tatouage ?

Je soulève mon T-shirt et je lui offre le haut de mon dos.

– Je l'ai fait en Polynésie, dans les îles Sous-le-Vent, il y a quinze ans. Il représente Rua Hatu, le dieu de la mer des Polynésiens. J'ai voulu…

– Tu connais ses symboles ? lance-t-il en repartant vers la plage sans un coup d'œil pour le dessin.

– Oui, réponds-je en cavalant derrière lui. Ce sont ses attributs : les vagues, les courants, les oiseaux…

Il a repris son air mauvais.

– Chez nos ancêtres, c'était un privilège uniquement réservé aux nobles.

Il me fixe désormais avec mépris.

– De très courageux guerriers qui ont accompli de grands exploits n'ont pas eu le droit d'en avoir, et toi, tu l'as juste acheté avec de l'argent.

Trouver sa route

Il y a sept ans, j'avais claironné que je ne participerais plus jamais au Vendée Globe.

J'avais tenté d'éloigner les souvenirs que l'édition 2016-2017 avait laissé confire dans ma mémoire. J'avais terminé neuvième et premier bizuth, titre officieux accordé au mieux classé des marins qui participent à l'épreuve pour la première fois. Cela avait suffi à mon bonheur et je m'étais dit que je pourrais désormais me consacrer à d'autres projets.

Mais à l'impossible nul ne peut s'accrocher. Quand je suis parti sur *Ahoy*, ma goélette, dans ce Pacifique dont le nom gomme les velléités guerrières et combattantes, et que nous nous sommes,

Marie et moi, arrêtés aux Marquises, la nécessité de comparer a lentement instillé en moi le sentiment que rien ne ressemblait décidément au Vendée Globe. Tous les jours, il me fallait puiser quelque chose au plus profond de moi pour oublier le goût de cette épreuve qui avait décuplé mes émotions. Ce que je parvenais à ressentir, les instants de bonheur que je croyais vivre n'étaient que des ersatz, mais je n'étais pas prêt à l'entendre.

Je n'arrivais pas à formuler ce qui rongeait l'intérieur de mon âme, je me persuadais seulement qu'un jour, il faudrait que je sois au départ d'un nouveau challenge, sportif et humain.

C'est Marie qui allait me guider, Marie, ma compagne, celle sur qui je m'appuie. J'ai jeté mon ancre, elle a croché sur le fond sableux. Marie, c'est le bon sens, la simplicité, le but à atteindre quand je suis plutôt du genre à me perdre dans mes pensées, mes réflexions, mes hésitations. Marie, je l'ai baptisée mon « petit bâton », parce qu'elle me soutient et m'aide à avancer, elle est la béquille de mes émotions, le rempart de mes atermoiements. Comme si, contrairement à moi, elle savait toujours quelle direction prendre.

Nous nous sommes rencontrés à Port-la-Forêt alors qu'elle travaillait au *Kinawa*, restaurant de bon goût tenu par Anne, sa mère, et parfaitement placé sur le port. Très vite, une fois installé là-bas, j'y suis allé pour déjeuner ou dîner. On y mangeait du frais, du local, c'était simple et bon. J'y emmenais parfois mon équipe, mes invités et mes partenaires. J'y commandais aussi de délicieux paniers-repas lorsque nous sortions en mer pour la journée. Nous n'étions alors que deux électrons encore emprisonnés, chacun engoncé dans sa propre histoire. Je me souviens néanmoins que Marie, mignonne, active, joyeuse et charmante, avait toujours une petite attention à mon égard.

Une énergie folle aussi, une franchise de tous les instants, un caractère de pure Finistérienne.

Nous échangions de courts messages via Messenger, pour une commande, un commentaire sur la qualité du service, jusqu'au jour où elle m'envoya un petit cœur, hélas trop vite suivi d'un « Oups, désolée, pardon ». Je lui avais répondu qu'il n'y avait aucun souci, que tout le plaisir était même pour moi. Nous avons commencé à discuter comme cela, parlant de tout et de rien, de gluten, d'alimentation, des plaisirs de la chère, de la vie qui avance tant bien que mal.

Un jour où je l'ai invité à pique-niquer, nous nous sommes repliés à la maison devant un feu de cheminée après avoir été surpris par une averse. Nous étions au mois d'août, quelques mois avant le départ de mon premier Vendée Globe. Je n'avais pourtant guère de place pour entamer une nouvelle histoire de cœur. Trop de travail, trop de stress, trop de tout. C'est une fois en course, paradoxalement, que nous nous sommes rapprochés. Des messages que je recevais, les siens me plaisaient plus que tout, leurs phrases rebondissaient avant de prendre leur envol pour mieux se poser sur le pont d'un amour que je sentais se solidifier. Je lui avais laissé mon appartement pendant la durée de la course, d'où elle trouvait les bons mots pour me réchauffer le moral.

À mon retour, Marie était sur le quai. Nous ne nous sommes plus quittés. Je ne dirais pas que tout fut aussi facile. Une relation naissante, cela implique de se trouver, mais c'est également se chercher en espérant que tout se passera bien. Nous avons tous les deux décidé de discuter avec une psychologue pour ne rien rater, pour ne rien égratigner de cette relation que nous voulions aboutie, pour mieux travailler ensemble. Je craignais les prises de bec, les paroles définitives, les engueulades proférées et les excuses demandées. J'avais déjà connu cela, je n'avais aucune envie de le revivre.

Nous avons commencé à monter des projets ensemble, et dans mes atermoiements post-Vendée Globe, ce n'était pas simple : je venais de réaliser ce que je considérais comme la plus belle de mes aventures. J'étais psychologiquement vidé par trois mois de navigation en solitaire, par mes années d'ambitieuses tribulations maritimes sans jamais faire de pause et, en même temps, j'étais aiguisé par une envie débordante de repartir de l'avant. Mais vers où ? Rien ne paraissait plus fort et ne serait jamais aussi beau que de doubler le cap Horn en solitaire et en course.

Notre équilibre n'aurait de sens que si nous nous retrouvions ensemble dans un nouveau désir. C'est pour cette raison que nous sommes partis en direction du Pacifique sur *Ahoy*, la grande goélette que je venais d'acheter. Un navire lourd, en acier, doté d'une quille relevable pour naviguer partout autour du monde. Mais surtout d'une beauté irraisonnée avec ses bois précieux, ses vernis et ses chromes…

C'est dans ces moments rares que Marie a fait émerger en moi ce qui me manquait. Ça a été long et progressif, quoique accéléré par le Covid. Alors que nous avions laissé la goélette à Hawaï, les frontières se sont soudainement refermées. Elle était inaccessible pour une durée indéterminée.

Je me souviens de notre retour en Bretagne, de la cuisine de la maison où nous avons tenté un matin de tirer le bilan de notre aventure en commun. Marie est parvenue à me faire dire que je ne m'épanouissais pas autant que je l'avais imaginé depuis mon retour sur terre. Que j'avais besoin de l'adrénaline des départs et des retours, de la vitesse et de la compétition, du face à moi-même comme du face à la concurrence…

Cette discussion a agi comme un déclic. Nous nous sommes lancés avec la fougue des audacieux que rien n'arrête dans un projet commun autour de la course au large. Nous nous sommes convaincus qu'il fallait oublier le reste, la goélette, un documentaire en gestation, l'exploration du monde, les émissions de télévision et les séminaires d'entreprise dans lesquels j'intervenais régulièrement pour subvenir à mes besoins. Pour cela, on verrait plus tard. Revenons-en, ensemble, à ce qui me fait toujours frémir de bonheur.

Notre première idée avait la beauté inavouée de l'innocence partagée et des envies folles que l'on pense réalisables. Or, elles ne le sont pas toutes.

Il s'agit du Trophée Jules Verne, le record du tour du monde à la voile en équipage. Un challenge plus grand que nature et une boucle plus large que les précédentes : dans mes vies antérieures, j'avais déjà navigué à plusieurs et en course, avec des équipages très divers. Cette fois, j'ambitionnais d'emmener des migrants, des sans-papiers, que je formerais d'abord à la navigation avant d'en faire mes équipiers pour un tour de la planète liquide. J'en appréciais déjà le symbole, les océans, la liberté, l'absence de frontières, de visa, de passeport ; seulement des marins, ensemble pour aller le plus vite possible. Parce que l'union fait la force, parce que la communion fait la noblesse.

Une idée généreuse même s'il nous manquait des fonds. Et il en fallait beaucoup, comme toujours. Nous aurions besoin de l'appui d'une banque ou d'un milliardaire, mais aussi que le projet trouve une résonance presque sociale, à défaut de toucher à l'universalité. Le sujet était hélas trop clivant pour un pays comme le nôtre où plus de 40 % des voix se reportent sur des partis qui attisent la haine de l'étranger.

Pas grand-monde n'était prêt à s'engager à nos côtés. Personne, même. Je me suis pourtant pris à rêver, cela fait partie de mon ADN. J'ai même fait une offre à l'écurie suisse Spindrift en proposant à ses propriétaires de racheter le multicoque géant dont ils ne se servaient plus contre un million et demi d'euros dont je ne disposais pas encore. J'imaginais que pour eux, nantis comme il y en a peu, un bateau inutilisé était comme un vélo que vous laisseriez rouiller dans votre garage. Qu'ils seraient heureux de s'en débarrasser. Mais les riches ne le sont pas pour rien, ils étaient certes prêts à vendre leur multicoque, mais à un tarif beaucoup trop élevé pour mon portefeuille.

Dépités et déçus, mais parce que nous continuons à trouver l'idée géniale et qu'un jour peut-être nous parviendrons à la réaliser, nous l'avons glissée dans nos cartons, avant de les ranger dans l'armoire à projets dont les étagères sont de plus en plus remplies. En attendant, nous avons développé d'autres désirs.

Nous étions maintenant en 2020, une nouvelle édition du Vendée Globe allait s'élancer des Sables d'Olonne en novembre. J'avais inconsciemment prévu d'être perdu en plein Pacifique, sans aucune connexion pour suivre la course. Et puis la pandémie a tout bouleversé. Parce que mon côté mystique m'a sans cesse incité à analyser le moindre des soubresauts de mon existence, j'y ai vu une manifestation de mon destin.

De retour en France, sans ressources, j'ai réussi à vendre à France Télévisions une chronique sur le Vendée Globe. Grand écart absolu, j'entendais m'éloigner de la course, j'allais en devenir un spectateur privilégié. J'ai pensé que cette translation m'aiderait peut-être à résoudre ma distorsion intime. Car le démon de la solitude ne m'avait, en réalité, jamais quitté.

Il avait été convenu que je me rende sur place pour préparer une chronique pour *Télématin*. J'avais besoin de croiser des marins en partance, de discuter avec eux, pour leur expliquer ce que je recherchais : pendant la course, je voulais les entendre me confier leurs émotions, leur état d'esprit. J'en ai parlé à nombre d'entre eux dont, évidemment, Jean Le Cam, avec qui je me suis entretenu longuement. Jean Le Cam, « le roi Jean », le sage, le brillant, mais aussi le beau-père, Marie étant en effet la fille d'Anne, la femme de Jean… Il s'apprêtait à disputer son cinquième tour du monde en solitaire, sans savoir si c'était son dernier ou non.

Je suis resté un peu plus longtemps que prévu aux Sables d'Olonne car les organisateurs m'ont demandé de faire des commentaires le matin du départ, à bord du seul bateau autorisé à naviguer.

L'histoire ne manque pas d'ironie : alors que je n'aurais jamais dû être là, je me retrouve à m'exprimer devant un parterre choisi de journalistes. Ce jour-là, une illumination m'enflamme le cœur : ma vie, ce n'est pas de pérorer devant un quarteron de spécialistes, non, c'est d'être au milieu de cette flotte, de quitter comme eux la terre ferme un jour de novembre, pour y revenir trois mois plus tard, voire un peu moins.

Je m'en suis très vite ouvert à Marie, qui m'a répondu qu'elle s'en doutait depuis un moment. Elle avait d'ailleurs une idée en tête : la conception d'une écurie de course composée de navigateurs solitaires, puissance collective contraire à l'individualisme qui anime certains d'entre nous.

Racheter quatre bateaux, quatre soixante pieds, trouver trois autres marins solidaires et solitaires et travailler ensemble dans une notion de partage, de mise en commun, d'économies d'échelle et de cohésion collective.

Soudain, c'est comme si tout s'était éclairé à nouveau dans ma vie. Le contraste était si parlant : mettre du collectif et de l'humain dans l'épreuve la plus solitaire au monde. Je me suis senti libéré, j'ai retrouvé un rythme. Existait-il un meilleur endroit que les Sables d'Olonne pour retrouver le chemin d'une certaine idée du bonheur ?

*

Il nous faudra patienter encore un peu avant l'avancement des travaux. Le Vendée Globe 2020-2021 s'est terminé avec la victoire de Yannick Bestaven. Jean, de son côté, a fait sauter tous les compteurs de l'émotion collective en allant secourir et sauver Kevin Escoffier, avant de terminer l'épreuve à la quatrième place.

Repartira-t-il pour l'édition suivante ? Il n'a pas besoin de beaucoup de temps pour se décider. On connaît Jean, son franc-parler, son humour, son regard sur le monde et sur ces hommes engagés dans la course au toujours plus dont il fait mine de ne pas comprendre la philosophie. Il reviendra certes, mais à sa façon. Il ne veut pas de cette dérive vers plus de technologie, plus d'argent, plus de casse aussi. Jean dit non à ces bateaux à foils, oiseaux volants à la dangerosité masquée, si rapides mais si compliqués à mener et si violents dans leur comportement. Mon beau-père veut un bateau à l'ancienne, simple, solide et rapide, fiable et surtout léger.

Quand Jean parle, je suis comme tout le monde, je l'écoute. Et il me convainc assez facilement de la justesse de son choix.

Je l'avais croisé à Lorient, il y a quelques années, lorsque je préparais l'un de mes bateaux. J'avais un problème de chariot de têtière cassé, il avait murmuré quelques mots que je n'étais pas certain d'avoir compris et m'avait autorisé à regarder le sien. Une autre fois, à Port-la-Forêt, le détail pourrait paraître insignifiant, mais il était sur le ponton pour amortir mon premier soixante pieds alors que j'arrivais un peu vite pour effectuer ma première manœuvre à la barre...

Nous n'étions pourtant pas intimes, nous le sommes devenus en montant notre projet commun. Jean est un personnage fascinant, un homme qui a une colonne vertébrale, ou plutôt un dos, extrêmement solide, et ce n'est pas une image pour dire qu'il pourrait supporter le poids du monde sur ses épaules : Jean se meut comme un bloc, ses jambes très fines lui confèrent une aisance presque aérienne à se déplacer. À le voir bondir d'un semi-rigide, grimper sur son bateau, j'ai l'impression qu'il a quinze ans et j'en reste halluciné. Tous ses gestes sont calculés, si bien qu'il possède une formidable capacité, presque magique, à prendre son temps pour aller vite. L'inverse de moi et de mes tendances bulldozer.

Dans mes relations humaines, il m'arrive de passer du coq à l'âne, de faire un milliard de choses en même temps, d'une réunion à la suivante, d'un rendez-vous à un repas, je ne cesse de courir. Pas lui. Quand Jean va voir quelqu'un, il prend deux ou trois heures, le temps de parler, d'être certain d'avoir tout bien compris. Quand il veut savoir quelque chose, il n'écrit pas un e-mail, il monte dans sa voiture, il va voir, il note ses observations : Jean n'a pas d'ordinateur portable, mais un cahier d'écolier. Sa finesse d'analyse semble innée, il enregistre les attitudes, les mots, les comportements. Ensuite, il calcule, il soupèse, il modère, il choisit. Les perspectives, les poids, les coûts, en se trompant rarement. Il râle parfois contre ces jeunes générations « 35 heures », qui veulent des jours de repos et des pauses-déjeuner, quand lui n'a jamais compté ses heures ni ses dimanches à travailler.

Avec cette faconde discrète devenue sa marque de fabrique, Jean a toujours les bons mots, ceux des terriens qui un jour sont partis voir ailleurs si l'eau était aussi bleue que le regard d'une fée. Il est l'homme des punchlines, celui que l'on écoute pendant la course parce qu'il raconte toujours l'essentiel. L'homme des expressions : « la fin de la foire », « dire la messe en breton », sans oublier le célèbre « bien dire fait rire, bien faire fait taire » qui lui correspond si bien.

Avec Marie, sensibles aux arguments de Jean et à sa personnalité emballante, nous continuons donc à travailler sur notre projet d'écurie de course. Suivant l'idée de départ, nous imaginons quatre bateaux de conception identique, dont les skippeurs auraient des partenaires différents mais raconteraient une histoire commune. Elle est là, l'innovation, dans l'humain soudé à l'amitié, au respect, à la considération, sujet qui me tient à cœur depuis longtemps.

Jean s'embarque avec nous sur ce projet : bâtir un voilier classique, avec un soupçon de modernité dans les formes, moins cher à fabriquer que les unités volantes dernier cri, accessibles aux budgets plus réduits des nouveaux arrivants dans la course au large, filles comme garçons. Très vite, nous avons estimé qu'il faudrait construire plutôt que de racheter, d'abord parce que les bons bateaux à vendre ne sont pas légion, ensuite parce que j'aimerais connaître, moi aussi, le plaisir d'imaginer un voilier qui me ressemble. Une forme de contre-révolution, si le terme n'était pas trop rétrograde : certains, et non des moindres, ont choisi de s'engager dans les solutions les plus extrêmes, à coups de foil dont la conception me semble hors de prix ; de mon côté, comme Jean, je préférerai toujours la mutualisation, la simplicité, la sobriété.

Plus prosaïquement, nous mettons en avant des coûts de construction divisés, la possibilité d'avoir un seul et même architecte pour plusieurs navires, un seul chantier de construction, un même moule…

Tout le monde s'accorde à dire que le projet est sympa, mais nous ne trouvons pas d'argent pour autant. Notre concept n'est pas très vendeur ; pour beaucoup, évoquer la sobriété, ce n'est pas la pratiquer, c'est surtout se donner bonne conscience sans aucune garantie de performance. J'ai eu l'impression, quand j'ai présenté notre projet, d'être pris pour le farceur de service qui n'a pas compris que vouloir un bateau « raisonnable » était le signe d'un sévère manque d'ambition. Et puis la guerre en Ukraine est venue rajouter son épais et nauséabond grain de sel.

Plus aucune prise de décision, la vie en salle d'attente, les rendez-vous annulés, plus de conférences à animer. Tous nos contacts en profitent, ce monde qui se désagrège fournit des excuses en or pour ne rien faire. De quatre bateaux à construire, nous réduisons d'abord à trois, puis à deux, pour Jean et moi. Nous ne pourrons pas faire plus. Mais même en réduisant l'ampleur du projet, y parviendrons-nous ?

Heureusement, Raphaël Palti, le patron d'Altavia, un groupe spécialiste de la communication commerciale et du marketing de la grande distribution, nous rejoint début 2021 et devient co-armateur avec moi, qui ai mis toutes mes économies dans le projet. « Il vaut mieux avancer dans le désordre que reculer dans l'ordre » est une de ses maximes. Ce premier partenariat nous permet de lancer l'étude de l'architecte, la construction des moules et du premier soixante pieds, le mien. En attendant de commander le second, une fois que Jean aura lui aussi trouvé de nouveaux partenaires.

Nous avons décidé de construire à l'identique ce que nous, marins, appelons désormais des scows, dessinés par David Raison, qui a imaginé ces bateaux au nez rond il y a une dizaine d'années. Reconnaissables entre mille avec leur étrave large et ronde, si typique des bateaux utilisés jadis sur les grands lacs américains, dotés de deux dérives droites, nos nouveaux voiliers seront capables d'aller à toutes les allures, ils iront vite, mais jamais très vite. C'est pourtant notre choix.

Jean trouvera in extremis deux partenaires, Armor Lux et le département du Finistère. De mon côté, à la veille du départ de la Route du Rhum 2022, j'ai reçu la confirmation du Crédit Agricole qui acceptait de me prêter une somme rondelette. Cela me vaudra une prise de sang avant de larguer les amarres de Saint-Malo.

Il était grand temps. Le chantier italien Persico, qui avait entamé la construction de la première coque, me demandait 800 000 euros dont je n'avais pas l'ombre. Il était à deux doigts de bloquer les travaux si la situation ne se dénouait pas au plus vite. Dans le métier qui est désormais le mien, il faut être prêt à prendre tous les risques, dont celui de lancer la construction d'un bateau sans être certain d'avoir les fonds suffisants. Mais c'est le jeu et j'ai toujours pensé qu'il en valait la chandelle, malgré les affres et les inquiétudes, diurnes et surtout nocturnes.

Quoi qu'il en coûte, mon bateau a été construit, préparé, puis renommé pour des raisons essentiellement commerciales. Nous avons choisi *Stand as One*, parce que l'anglais est une langue universelle et parce que *Comme un seul homme*, le nom de baptême symbolique que j'avais prévu de conserver, sonnait un peu trop masculin… Puis, au début de l'été 2023, nous l'avons mis à l'eau. L'émotion était forte, mais je m'attends à ce qu'elle le soit encore davantage le jour où je partirai seul à son bord.

Je raconte souvent que mes projets fonctionnent comme un juke-box, cette machine à musique que l'on trouvait autrefois dans les bars. En glissant une pièce, on pouvait demander de faire tourner un 45 tours de son choix. Ma vie est un peu comme ça : alors que retentissent les dernières notes d'un morceau, je ne sais jamais si la musique va continuer. Jusqu'à ce que quelqu'un, surgi de je ne sais où, vienne glisser au tout dernier moment une pièce pour qu'elle ne s'arrête pas !

Progressivement, de nouveaux partenaires intègrent le projet. Ils ne sont pas là pour le volet financier, non. Hubert Cotté, patron de Workday-France, un éditeur américain de la tech, spécialisé dans la gestion des finances et des ressources humaines, comme Christophe Beaunoir, dirigeant de Saipol, une grosse entreprise qui transforme des graines oléagineuses comme le colza ou le tournesol en alimentation pour bétail, huiles alimentaires et biocarburants, sont à mes côtés pour tresser un cordage dont les torons se nomment amitié, confiance et respect. Lequel cordage doit être assez solide pour ne plus craindre les risques partagés que nous allons prendre ensemble.

Ainsi va la vie, ses rencontres, ses surprises, ses rebonds plus ou moins heureux selon l'instant. Nous en connaîtrons d'autres avec Marie, de ces moments où tout vacille, où on se demande même si la solidité de notre relation ne va pas s'effriter parce que nous ne parvenons pas à sortir la tête de l'eau, ou de l'étau. J'ai connu des moments de détresse où j'ai cru que nous n'y arriverions jamais. Et des moments où le soleil même semblait nous sourire.

On va dire que tout s'arrange toujours...

Rien d'un miracle, mais presque.

Intermezzo #2

*Novembre 2019, îles Marquises, à bord d'*Ahoy.

Steeven avait raison. Les déchets des visiteurs indélicats jonchent le sol du sous-bois près de la plage. Alors que Marie se penche pour ramasser un pot de yaourt, il la stoppe d'un geste.

– Non ! Je les laisse exprès pour que tout le monde puisse les voir. Il faut que les gens comprennent que la nature est notre maison et que nous devons la protéger. S'ils voient ça, ils vont se dire que c'est moche et que ça gâche l'endroit. Enfin j'espère…

Les cinq minutes se sont transformées en deux heures. Souvent l'âme seule se révèle bavarde. Il mène un combat qu'il considère comme désespéré. Soudain, il se retourne vers moi.

– As-tu déjà ressenti que ton tatouage était vivant sous ta peau ?

Je ne m'habitue pas à la brusquerie de ses questions d'autant qu'elles tombent toujours juste. Je prends un instant pour me connecter à mon passé.

– Oui, je l'ai déjà senti il y a longtemps.

C'était il y a presque vingt ans, aux îles Sous-le-Vent.

Dans son atelier tendu de feuilles de palétuviers au bord du lagon de Huahine, je revois Tihoti, un paréo blanc noué aux hanches et tatoué de la tête aux pieds sur toute la moitié gauche du corps, y compris à l'intérieur de l'oreille.

– Quelle forme veux-tu ? s'est-il enquis.

Je me suis contorsionné sur ma chaise.

– Un croissant de lune ici, au milieu des omoplates.

Le tatoueur s'est levé et a dessiné à l'aide d'un marqueur rouge un quartier décroissant parfait à main levée sur ma colonne vertébrale. Puis il m'a tendu un miroir comme le ferait un coiffeur et m'a interrogé du regard.

– C'est bien.

Le Tahitien a reposé le miroir et m'a demandé :

– Que veux-tu que ce tatouage signifie ?

– Depuis deux ans je navigue autour du monde. J'ai complètement changé de vie et je ne veux jamais oublier que tout est possible si je m'en donne les moyens.

L'homme a souri.

– OK, mais encore ?

– J'aimerais garder en moi cette liberté que je vis sur l'océan.

Il m'a observé un long moment puis s'est levé.

– OK, on y va !

– Comment ça, on y va ?

– Je te tatoue.

– Mais tu ne me montres pas le dessin d'abord ?

– Non.

– Mais attends, c'est chaud quand même, parce que ça va être là pour toute ma vie.

– Oui.

Il s'est rassis et m'a expliqué.

– Je ne dessine pas avant. Chacun de mes tatouages est unique.

Ses pupilles noires ont plongé en moi. J'ai respiré un bon coup sans le quitter des yeux.

– OK. Je te fais confiance.

Pour quelques centaines de francs Pacifique, je l'ai laissé non seulement modifier mon corps, mais aussi mon âme. Dans mon dos, un croissant de lune à l'intérieur duquel Tiboti a intégré quelques symboliques divines venues de Polynésie comme des Marquises, qui disent les courants, les étoiles, les oiseaux, les vagues…

LIVRE DEUXIÈME

S'émanciper
ou comment larguer les amarres

Le bruit de la machine à écrire, le léger ronflement régulier de la photocopieuse. Il est là, rassurant, derrière la cloison de ma chambre sous les toits. Il est quatre heures du matin. Je ne sens pas l'odeur du tabac mais je sais que mon père est en train de taper ses cours, la clope au bec, forcément.

Je le vois rarement, levé tôt, rentré tard, c'est un homme volontaire, grand et mince. Avec cette étonnante flamboyance qui accompagne ceux qui se sont toujours battus. Comme beaucoup de bègues, mon père a paradoxalement choisi un métier de parole en enseignant dans les entreprises les techniques commerciales et managériales.

Ma mère, elle, est une femme menue au caractère fort, nimbé de mélancolie. Elle tient seule la maison, fait les comptes, gère l'administratif, paie les impôts, s'occupe de la fratrie – j'ai deux sœurs et un frère –, et a parfois dû, au début de l'activité de mon père, repousser avec tact des huissiers venus à la porte réclamer les impayés.

Je suis né dans une famille assez traditionnelle, versaillaise, avec son lot de destins tracés, de vies millésimées, d'existences sans réels à-coups, de charme de-ci de-là, aussi de déceptions à venir au détour de l'expérience, des plaisirs simples ; avoir des enfants, les voir grandir, les accompagner plus ou moins loin, espérer qu'ils trouveront un métier convenable qui ressemble aux rêves de chaque parent.

Cela faisait un moment déjà que j'avais l'impression de rouler trop tranquillement sur une autoroute ; le péage passé, le ticket posé dans le pare-soleil, ce qui se présentait devant moi n'était plus qu'une succession de lignes droites seulement alanguies par de longs et doux virages, vitesses limitées, berlines identiques, consommation modérée, en conduite automatique. La vie à Versailles, le temps qui passe, les fleurs qui se fanent, la mort tout au bout du bitume.

Et puis, un jour, j'ai vu un panneau annonçant une sortie, j'ai compris qu'il était temps de mettre le clignotant. J'ai pris la bretelle et je me suis engagé sur un autre chemin. Moins direct, plus sinueux, avec du relief, des embardées, des accidents.

Je m'apprêtais à quitter la maison. À quinze ans déjà, j'avais délaissé les vacances bretonnes et familiales en camping-car, abandonné la religion catholique dont la pratique contraignait ma conception du monde. Ma colère d'adolescent avait submergé les codes de l'orthodoxie, j'étais gêné par la distorsion entre les préceptes enseignés et le mode de vie des humains de mon milieu. Là où certains voyaient de la générosité, je ne percevais qu'un égoïsme de piètre niveau ; je ne parvenais pas non plus à encaisser les crimes et erreurs du passé, commis au nom de ce même amour proclamé pour les autres. Enfin je ne comprenais pas comment la religion catholique pouvait s'autoproclamer seule détentrice de la vérité au mépris du reste du monde.

Ce que j'allais apprendre en cours de philosophie allait encore faire fructifier mes doutes, et surtout me pousser vers une émancipation physique et spirituelle nécessaire à celui qui s'interroge. Alors, j'ai décidé de vivre comme je marchais, d'un déséquilibre à l'autre, d'abandonner toute stabilité fraîchement acquise pour découvrir une nouvelle inconnue.

Tout plaquer ressemblait à une grande première dans notre famille. Comment mes parents auraient-ils pu imaginer que leur fils si poli larguerait sa vie ainsi, à vingt-quatre ans, pour faire le tour du monde à la voile ?

*

Ce jour-là, ma mère buvait à petites gorgées son thé brûlant. Au contact du liquide, son visage grimaçait en mille petits plis et les tendons de son cou saillaient. Mon père touillait les deux sucres et demi de son café.

Cela faisait des semaines que je les voyais démunis. Ils m'attendaient, attablés dans la cuisine. La pièce sentait encore le rôti de bœuf saignant et les frites dominicales. Notre maison est en pierres meulières, typique de ces quartiers de banlieue chic construits à la fin du XIXe siècle, dans ce qui ressemblait encore à la campagne. Villégiature de fin de semaine, placidité de ces vies bien ordonnées, embourgeoisement classique. La nôtre possédait un charme désuet, c'était la plus modeste du boulevard, avec son œil-de-bœuf qui lui donnait un air de chaumière du « hameau de la reine ». J'aimais l'architecture et l'histoire de cette ville royale mais je ne m'y sentais plus à l'aise. Je voulais du vrai, du sensoriel, de l'épidermique, du chaotique.

Je revois la scène, comme un lever de rideau avant le début d'une pièce. Je ne sais plus si mon père avait une cigarette entre les doigts. C'est probable. Nous avons tellement perdu l'habitude de fumer à l'intérieur aujourd'hui que mes souvenirs me jouent des tours. Il m'a regardé, visiblement ému.

– Éric, ta mère et moi voulons te parler de ce tour du monde. Cela ne nous paraît pas très sérieux.

– Mais si, c'est sérieux. Vous imaginez bien que je ne travaille pas tous les week-ends à retaper *Kifouine* pour rien.

– Mais ce bateau est une épave.

– C'est vrai qu'il y a encore du boulot, mais ça va le faire, vous verrez.

– Vous n'y connaissez rien, tes deux amis et toi !

– On apprend pas à pas.

Mon père cherchait ses mots. Il regardait par la fenêtre le minuscule jardin dans lequel trône un unique arbre, un houx dix fois coupé, qui repousse toujours.

– À ton âge, Éric, on ne fait pas le con. On garde son travail et on fonde une famille. Nous nous faisons vraiment du souci.

– Ne brisez pas mon rêve ! J'ai mis du temps à le découvrir, mais c'est ce que je veux et rien ne m'arrêtera désormais.

Deux jours auparavant, j'avais donné ma démission à la société qui m'employait. Un job en or. Eux non plus n'avaient pas compris, d'autant plus qu'ils venaient de m'octroyer une promotion.

Mon supérieur m'avait dit : « Tu te coupes un bras, Éric », et le PDG m'avait carrément sermonné : « Éric, il est temps de te mettre au travail ! »

Fortuné et Régine se regardaient, consternés. Autant y aller franco, me suis-je dit.

– C'est aussi terminé avec Anne-Charlotte.

– Ah non !

Ma mère avait saisi le bras de mon père. Quelques semaines plus tôt, j'avais failli abandonner le projet pour rester avec ma copine. Cela m'avait tiraillé pendant des mois. Puis j'avais eu une révélation en buvant une bière au Yacht Club de Nieuport, en Belgique, où nous nous escrimions à remettre le bateau en état. Alors que nous prenions une pause entre deux sessions de bricolage, les membres du club nous avaient invités à boire un verre. Dans la grande salle lambrissée, je m'étais éloigné un instant des coupes et des vieilles photos de bateaux exposées sur le bar. Loin des rires, je m'étais approché de la baie vitrée pour observer les voiliers du port alignés dans la lumière de fin d'après-midi. Et tout à coup, comme par magie, j'avais su ce que je voulais. Je devais vivre cette aventure coûte que coûte. Le cœur inondé par un flot d'émotions, j'avais souri comme un illuminé.

– Nous avons peur pour toi, mon chéri, avait repris ma mère.

J'aurais aimé leur prendre la main pour les rassurer mais, chez nous, ces gestes-là ne sont pas d'usage, ils sont trop intimes.

– Ne vous en faites pas. Je n'ai jamais été aussi heureux. Et puis deux ans, ce n'est rien.

– Deux ans, c'est beaucoup, répondit-elle. Tu risques de ne jamais vouloir revenir.

– Mais si ! Et je suis sûr que je retrouverai un boulot après. J'ai fait une bonne école de commerce. Et il y a quand même quelques recruteurs intelligents en France qui apprécient les jeunes qui voyagent.

Se quitter, la terre et moi

Avec Brice Monégier du Sorbier, nous croyons vraiment que nous retournerons ensuite à la vie en costard-cravate. Sans que je m'en doute, ma vie va pourtant changer de direction aux côtés de ce garçon qui représente tout ce que j'aurais aimé être : grand, fort et déterminé. Nous nous sommes croisés sur les bancs de notre école de commerce, à Lyon, et nous nous sommes liés autour des mêmes envies. C'est Brice qui mène le projet. Pour l'instant, nous ne sommes que tous les deux, mais nous fonctionnons différemment : Brice avance tout droit, comme un bulldozer, il ne sait rien des méandres que mon esprit emprunte pour parvenir à ses fins.

Nous sommes en 2002 et avons la vie devant nous. Enfin, une autre vie. *Kifouine* est un vieux sloop fatigué de moins de neuf mètres. Brice l'a acheté en Belgique avec son argent, alors que je stagne encore dans mes atermoiements de jeune couple avec Anne-Charlotte.

Car rien n'arrête Brice.

Il a même trouvé un troisième larron pour me remplacer au cas où je ne partirais plus. Hervé Olagne, un copain d'école haut-savoyard, qui vient de se faire larguer. Chamboulé par la tristesse, il reste souriant, positif et volontaire, et assure qu'il fera partie du grand voyage à nos côtés.

Depuis la Belgique, nous avons ensuite ramené le voilier par la Seine jusqu'à un petit chantier de Conflans-Sainte-Honorine. Si nous voulons partir dans l'année, nous avons neuf mois devant nous pour remettre *Kifouine* en état.

Qu'il pleuve, qu'il neige ou qu'il vente, nous sommes là tous les week-ends, d'abord, puis tous les soirs de la semaine lorsque nos travaux se rapprochent du terme. Il nous arrive même de passer la nuit au chantier en dormant par quart d'une heure à même le sol, sous les bateaux voisins.

Depuis que les températures sont redevenues plus humaines, les promeneurs du dimanche s'arrêtent sous notre abri tendu de vieilles bâches où règne une activité incessante.

Un jour que j'étais en train de poncer la coque dans un épais nuage de poussière, un homme à lunettes m'apostrophe.

– Qu'est-ce que vous faites avec ça ?

Les mains dans les poches, il pointe le bateau du menton. J'arrête ma perceuse, je me dégage de la coque et je retire masque, écharpe et bonnet empoudrés.

– On le prépare pour un tour du monde de deux ans, par le cap Horn.

– Ah. C'est du ferrociment ?

– Non, c'est du polyester.

– Et il pèse combien ? demande-t-il, dubitatif.

– Un peu plus de sept tonnes à vide. C'est beaucoup pour huit mètres vingt mais c'est parce que le lest est en galets et en clous de chemin de fer et que c'est une dalle en béton qui retient le tout.

– Ah. Et vous bossez depuis longtemps dessus ?

Il avise notre petit camp de fortune : la cabane de jardin bringuebalante, les chaises trouées, le coin cuisine improvisé avec des tréteaux et une porte sur laquelle trônaient le réchaud, les reliquats du déjeuner et les outils électriques couverts de poussière.

– Six mois.

– Ça ne sert à rien de mettre autant d'énergie sur un bateau comme ça. Il ne vaut rien.

La flèche me laisse muet et je me remets au travail sans répondre. Je n'ai pas de temps à perdre avec ce genre d'individus. Mais d'où vient ma colère ? De ce connard qui profite de sa balade du dimanche pour casser mon désir de liberté ou du doute que cette réflexion diffuse en moi ? Et s'il avait raison ? Et si nous ne voyions pas le terme de ce chantier ? Nous avons retiré une première cloison en bois pourrie dans le carré et nous avons constaté que l'eau s'est infiltrée bien plus en avant. Néophytes de l'architecture navale, nous avons patiemment sondé et démonté planche après planche pendant six mois jusqu'à nous rendre compte que l'intégralité des aménagements du bateau, cockpit compris, est blette. Il ne reste aujourd'hui que la coque et le pont en plastique, le reste gît dans la décharge. Le gars a raison : au stade où nous en sommes, il vaudrait peut-être mieux construire un bateau neuf.

J'ai à nouveau arrêté mon outil et je contemple la dizaine de tristes coques qui nous encerclent. Ces bateaux ne reverront jamais la mer. À gauche, Brice et Hervé s'échinent à ôter peintures et enduits de l'étrave dans le vrombissement des ponceuses. Maintenant que l'on sait que tout est pourri, ça devrait aller plus vite. Plus de doute, plus de tâtonnement. C'est plus simple, il faut tout reconstruire. Nos voisins de chantier nous prennent sans doute pour des fous. Nous le sommes sûrement. Notre bateau a beau être pourri, pas question de rester échoué ici avec ceux qui ont peur.

Regardez-nous bien tous, parce que nous ne faisons que passer !

Quelques semaines plus tard, pas vraiment prêts, mais décidés, nous nous faisons remorquer de la Seine jusqu'au Havre par une péniche bienveillante. À bord, nous avons prévu de continuer à travailler, mais le sommeil a vite raison de notre enthousiasme, nous tombons, la perceuse à la main. Une fois arrivés, nous entendons rallier La Rochelle par la mer, mais force est de constater que *Kifouine* n'est pas prêt.

Les parents de Brice, clairvoyants, nous interceptent avec une grue et un camion sous le pont de Tancarville et nous imposent de finir le trajet par la route. Après quelques heures de sommeil, nous nous rendons à l'évidence. Le bateau n'a pas de mât, pas de cadène, pas de hublots…

Marc Pinta, un constructeur naval réputé, par ailleurs cousin de Brice, nous accueille alors dans son chantier à La Rochelle. Il a construit certains des premiers bateaux du Vendée Globe. Dans les années 1990, La Rochelle était le centre du monde de la course au large. Isabelle Autissier, Jean-Yves

Terlain, Titouan Lamazou, Philippe Poupon ont tous franchi les portes de cet immense hangar blanc sur le bassin des Chalutiers pour y faire construire ou réparer leurs montures. Les albums photos débordent de clichés de ces pionniers qui me font rêver. Nous sommes dans le saint des saints de la voile française. Marc nous cadre avec gentillesse et fermeté. Sous sa houlette, nous travaillons d'arrache-pied pendant trois mois supplémentaires et, même si le moteur a encore des ratés et que l'intérieur n'est pas terminé, nous prenons enfin la mer.

Nous sommes le 5 août 2003.

Devant nous, la haute mer, le golfe de Gascogne, des conditions de rêve pour trois jeunes hommes ivres à la fois de fatigue et de liberté. Des quarts, des manœuvres, du bricolage, des rires, une nouvelle vie commence. Dès notre première escale, à Lisbonne, nous embouquons le Tage, tractés par un bateau de pêche parce que notre moteur ne démarre plus. C'est le début d'une longue série de remorquages qui deviendront notre marque de fabrique dans le monde entier. Ce n'est certes pas très marin, mais ça nous plaît d'être « à l'arrache ». Imperceptiblement, nous nous clochardisons peu à peu par goût. Pour moi, comme pour Brice et Hervé, l'aventure passe par le dénuement ; nous nous délestons du superficiel au fil des escales, du Cap-Vert jusqu'aux Antilles. Notre bible à bord est *Damien*, le livre référence de Gérard Janichon dans lequel il relate son aventure de cinq ans en voilier avec Jérôme Poncet. La sobriété est un bonheur que l'on peut toucher du doigt : *Kifouine* n'a pas de clé. Nos shorts sont troués et ne tardent pas à devenir trop grands car nous ne mangeons qu'un repas par jour – souvent juste une soupe. Pieds nus, une ficelle ou un raban en guise de ceinture, nous mouillons où bon nous semble, nous nous mêlons sans crainte aux locaux. Nous sommes libres car nous n'avons plus rien à protéger. Chaque escale est une fête et j'en accepte toutes les sollicitations.

*

À Gros Islet, sur l'île de Sainte-Lucie, aux Antilles, les touristes ont envahi les rues de ce quartier populaire pour quelques heures d'une friday night échevelée. Cela fait cinq mois que nous voyageons et nous décidons de profiter au maximum de cette divine surprise. D'énormes enceintes crachent du reggae et le rhum coule à flots. À minuit, la musique s'arrête et comme par enchantement tous les touristes disparaissent. Hervé est rentré et Brice et moi sommes les seuls Blancs à rester au milieu de nos nouveaux compagnons de bamboche. De bar en bar, l'ambiance est de plus en plus électrique. Je m'inquiète.

– Brice ? Tu as vu, tout le monde nous regarde.

– Ouais, ça craint. Il est temps de filer. Quelle heure est-il ?

– Je ne sais pas. Quatre heures, peut-être ?

Une bande de jeunes hommes rentre bruyamment et nous nous faufilons vers la sortie.

Mes oreilles bourdonnent quand Brice me prend par le bras.

– Accélère, on est suivis.

Nous forçons le pas. Difficile de courir avec nos claquettes. Une vingtaine d'ombres apparaissent dans la rue en contrebas.

– Brice, ils viennent vers nous !

Bientôt, cinq gars nous tombent dessus. Un scintillement dans la nuit. L'un d'eux a une machette.

– Give me your money ! m'ordonne-t-il.

Le groupe nous encercle, nous sommes pétrifiés. Ils se jettent sur nous. Des mains me maintiennent les bras le long du corps tandis qu'en voulant arracher la poche de mon short, tout mon vêtement part avec. L'argent dans les mains, ils me relâchent. Brice est couché sur le dos, il subit une pluie de coups de pied. Sans réfléchir, je récupère les lambeaux de mon maillot et je me jette sur la meute en hurlant.

– We got the money ! We got the money !

Les assaillants s'évanouissent dans l'obscurité et je relève mon ami.

– Ça va, mec ?
– Mes lunettes, putain, où sont mes lunettes ?
Elles gisent intactes à quelques mètres. Je les ramasse et je les lui tends. Brice les ausculte et les chausse à nouveau. Il soupire.
– Putain. Heureusement je me suis couché sur ma poche arrière, là où il y a le pognon, comme ça ils ont pas pu l'atteindre.
– Bien joué. Moi, ils m'ont tout pris.
Je lui montre mon short largement déchiré à l'entrejambe. Il ne cache plus grand-chose de mon intimité. Il sourit.
– Ça va être compliqué à recoudre, ça.
– C'est clair. Bon, on va porter plainte ?

Le commissariat ressemble à toutes les autres petites maisons, il n'y a qu'un drapeau faiblement éclairé pour le démarquer. À l'intérieur, un policier en uniforme beige est de garde derrière son comptoir. Encore sous le choc, nous lui racontons en anglais notre agression.
– Que faisiez-vous dans ce quartier à cette heure ? demande-t-il sans une once d'émotion.
– Nous faisions la fête.
– Et vous n'avez pas remarqué que vous étiez les seuls touristes à rester sur place ?
– Si, c'est vrai.
– Vous avez bu ?

– Pardon ?

– Vous avez bu ? répète-t-il.

– Ben oui, c'est la Friday night.

– OK, nous passerons sur les lieux demain pour l'enquête, nous précise le pandore d'un ton pincé.

– Vous ne nous demandez pas le signalement des gens qui nous ont agressés ?

– Pas utile. Vous avez vos passeports ?

La colère bat dans mes tempes. Nous sommes les victimes ! J'ai envie de sortir pour retourner dans l'enceinte protectrice de la marina. Brice est du même avis. Nous indiquons au policier un faux emplacement et partons sans demander notre reste.

De la musique s'échappe du bar de la marina. Je regarde Brice :

– Je crois qu'on a bien besoin d'un verre.

– C'est clair.

*

Après les Antilles, nous entamons une longue transhumance jusqu'en Nouvelle-Calédonie, en passant par la Polynésie, pour arriver finalement en Nouvelle-Zélande.

Chaque escale nous offrira ses soirées déjantées, l'attaque subie à Sainte-Lucie a été vite oubliée et n'a jamais altéré notre moral : la vie doit rester une fête. Pour autant, systématiquement et dès le lendemain – ou parfois le surlendemain en fonction de l'intensité des réjouissances –, nous attaquons la liste sans fin des travaux à effectuer sur le bateau. Notre temps à terre est divisé entre bricolage et recherche d'électriciens, de soudeurs, de mécaniciens et de magasins spécialisés.

J'adore ce voyage fait de zones industrielles et de carénages. Les sites touristiques ne m'intéressent pas car ils débordent de visiteurs que je n'ai pas envie de croiser. Je déteste faire la queue pour voir ce que tout le monde voit. Je ne veux pas suivre des circuits prémâchés par des agences de voyage. Naviguer doit être une mine de rencontres improbables dans des endroits fabuleux où personne ne va.

Ma liberté n'est pas une absence d'obligation mais plutôt le choix conscient de contraintes que j'aime.

Une année et demie va ainsi défiler comme un rêve éveillé, ourlé de ces légers désagréments que procure l'aventure. La chaîne d'ancre qui casse, le moteur qui démarre une fois sur trois, le hors-bord qui rend l'âme, les douaniers qui nous rackettent, mais chaque soir nous levons nos verres à la santé des voyageurs qui descendent à Châtelet-Les Halles et gloussons ensemble de notre félicité.

Ainsi me sont apparus les bienfaits incalculables de la vie que je m'étais choisie. Ainsi ai-je commencé à me construire vraiment.

*

Nous quittons Auckland pour traverser l'océan Pacifique sud et rejoindre le cap Horn. Cette fois, nous entrons dans le cœur profond de l'aventure *Kifouine*. Deux mois à sillonner l'océan austral dans les quarantièmes rugissants et les cinquantièmes hurlants avec un bateau qui navigue toujours de guingois. Brice et moi nous succédons à la cabine téléphonique pour parler une dernière fois à nos proches. Assis par terre, j'écoute mon ami embrasser sa mère, raccrocher le combiné et sortir. Il allume une clope et exhale la fumée.

– Si ça se trouve, c'est la dernière fois que je lui parle.

– Arrête de déconner, ce n'est pas drôle. On va peut-être vraiment y laisser notre peau.

Il s'assoit et m'offre une cigarette.

– Ouais, c'est risqué. On doit être le plus petit bateau à tenter cette traversée.

– Avec nos 2,7 nœuds de moyenne, nous ne pourrons jamais fuir les dépressions comme le font les bateaux de course. On va subir.

– Ce qui me fait un poil flipper, reprend-il, c'est que pendant deux semaines on ne pourra ni prendre la météo ni envoyer de nouvelles. Le téléphone satellite ne captera pas quand nous serons le plus au sud.

Brice rigole et moi, mon ventre se tord. Ce sentiment fait partie de ma relation amoureuse avec la mer. Cela fait maintenant des mois que nous creusons notre sillage sur l'océan et je peine toujours à respirer au moment de larguer les amarres. Ma frousse se dissipe un peu plus tard, quand la routine du large arrive.

Hervé et Brice ne craignent rien.

Notre montagnard est décidément étonnant. Il est heureux en mer même si c'est un milieu qu'il ne connaît pas. Blond, athlétique, les yeux bleus, Hervé ne perd que rarement le grand sourire qui illumine son visage. Il faut vraiment que sa colère soit énorme. Le Haut-Savoyard est partant pour tout, même risquer sa vie dans les mers du Sud pour l'amitié et la beauté. Depuis un an et demi, nous sommes vingt-quatre heures sur vingt-quatre ensemble. Notre trio équilibré n'a plus besoin de se concerter pour prendre une décision.

Pour l'occasion, le trio est devenu un quatuor. Valérie, une amie de l'EM Lyon, réussit l'exploit de s'intégrer sans aucune difficulté. Dotée de la même bonne humeur que Hervé, elle est venue nous prêter main-forte pour la traversée du Pacifique. Être quatre avec un bon marin supplémentaire me rassure. Les quarts seront moins durs.

À la veille du départ, Hervé, Brice et Valérie n'hésitent pas. Ils veulent en découdre. De mon côté, je ne sais qu'en penser. Nous enchaînons les pintes de bière dans une académie de billard quasiment vide du centre-ville, aux côtés du légendaire Yvon Fauconnier et de son équipage. Ce pionnier de la course au large, vainqueur de la mythique Transat anglaise en 1984, est notre voisin de ponton depuis deux semaines. Lui aussi traverse le Pacifique mais sur *Darwin Sound*, un magnifique ketch de vingt-deux mètres de long. Le jour de notre rencontre, il a débarqué sur le ponton de Viaduct Basin et, après nous avoir salués, est venu poser sa tête sur notre mât. Les yeux tournés vers le sommet de l'espar, il a dit :

– Ouch ! Il fait un beau « s », votre mât, là. Il n'est pas droit du tout. Ça ne va pas.

– Ah oui ? avons-nous répondu du cockpit. On n'a jamais regardé.

– Faut régler ça, sinon vous allez démâter.

Il s'est frayé un passage sur le pont étroit encombré de rails et de poulies et nous a demandé :

– Vous avez des voiles tempête ?

– Non, on a juste nos voiles normales.

– Là où vous allez, il vous faut des voiles tempête : un tourmentin et une suédoise.

– OK, on va s'en occuper.

Yvon est revenu plusieurs fois s'assurer de l'avancement de nos préparatifs. C'est ainsi que nous nous sommes liés d'amitié.

Alors que nous allons tous les deux chercher la dernière tournée de Guinness, j'en profite pour le prendre à part.

– Tu sais, je ne fais pas le malin, là.

Il me regarde, les yeux pétillants, sans me répondre.

– Tu crois que nous sommes prêts ?

– Ce qui est sûr, c'est que c'est mieux qu'il y a quinze jours. Tout est bien amarré à bord ?

– Oui, comme tu nous as dit. On peut pendre le bateau à l'envers par la quille, rien ne tombera.

– Parfait. Quand j'ai fait naufrage avec *Vendredi 13* sur la Transat anglaise, les deux batteries électriques de cinquante kilos chacune ont été éjectées dans une déferlante et ont atterri à un cheveu de ma tête, c'était… intéressant, raconte-t-il avec son fameux sourire narquois.

La bande nous rejoint et Yvon continue de passer en revue ses fortunes de mer. Je l'écoute religieusement et mon cœur se serre. Mais pourquoi diable choisit-il ce moment critique et ce sujet précis pour devenir volubile, lui qui est d'habitude si taiseux ? Ne devrait-il pas plutôt essayer de nous rassurer ? En réalité, l'énumération de ses naufrages ponctuée de ses éternels « c'était... intéressant » me détend peu à peu. L'animal sait ce qu'il fait. Malgré tous les drames, il s'en sort toujours.

Yvon pose son verre vide sur le comptoir en claquant la langue.

– Bon, allez, les gars, au lit ! Ils prévoient trente-cinq nœuds d'ouest demain. Vous serez directement dans le bain. Ça va pousser.

Au petit matin, le bateau chargé ras la gueule de vivres, d'eau et de gasoil quitte le ponton sous le regard attendri de notre protecteur et de son équipe... avant de s'emplafonner un peu plus loin dans un catamaran. La honte ! Nous sommes trop lourds pour être manœuvrants. On déhale à la main nos huit tonnes sous les rires des copains et embouquons enfin la sortie du port vers le golfe de Hauraki et le très grand large.

Dès les premiers jours de mer, j'ai froid. *Kifouine* prend l'eau de toutes parts sur un océan Pacifique sauvage. Rien à voir avec les coups de vent que nous avons rencontrés trente degrés de latitude plus haut. Des lames immenses balayent le pont et de véritables cascades au débit gros comme le poing de King Kong tombent sur nos sacs de couchage. Nous écopons quotidiennement des centaines de litres d'eau de mer.

Le troisième jour, plus rien n'est sec à bord.

*

Le bateau vient encore de se faire coucher violemment par une vague. Il est impossible de trouver le sommeil dans ces conditions, car tous mes sens sont en alerte. Mon quart approche et je dois bientôt quitter la chaleur de la bannette pour affronter seul la tempête sur le pont. J'ai peur. Hervé est à la barre. Il a notre vie entre les mains. S'il dévie de quelques dizaines de degrés, c'est la catastrophe. Le bateau sera roulé par une déferlante. Soudain je suis en apesanteur. *Kifouine* est soulevé et projeté comme un jouet dans un fracas immense. La cocotte-minute pourtant amarrée percute la table à carte. Les livres, les fruits et les légumes s'écrasent sur mon lit en même temps qu'une cataracte d'eau de mer. J'ai juste le temps de protéger ma tête avec mes bras. Ça y est, nous chavirons ! Mes muscles se contractent à tout rompre. Le bateau hésite, lutte et finalement se redresse. Je m'extrais avec difficulté de mon sac de couchage et je me précipite vers la descente. Impossible d'ouvrir le capot. Il est bloqué de l'extérieur. Je hurle.

– Hervé ! Hervé !

Pourvu qu'il ne soit pas tombé par-dessus bord.

– Hervé !

Pas de réponse.

La planche de contreplaqué cède enfin sous mes coups de boutoir. Hervé est là, dans le fond du cockpit. Je vois qu'il est en état de choc. Il répète sans me voir :

– Putain, elle était grosse.

La capote a explosé. Le rack des défenses est tordu.

– J'arrive, mon Vévé.

Je chausse mes bottes, j'enfile mon ciré et je remonte jusqu'à lui. Il me regarde.

– Elle était grosse, putain…

– Je te crois sur parole, mec. Va te mettre à l'abri, c'est bon, je prends la suite.

Rincé, Hervé se coule lourdement par la descente dans le carré. J'accroche ma longe sur le pontet au fond du cockpit.

Le contraste entre le calme de l'intérieur et le chaos qui règne sur le pont est vertigineux. Le vent hurle dans les haubans. La mer est démontée. Dans trois heures, je réveillerai Brice ; pour l'instant c'est à moi d'encaisser les coups. Le grondement d'une déferlante me glace le sang. Ces monstres liquides attaquent par-derrière et par train de quatre. La prochaine se propulse déjà dans mon dos. Je n'ai pas besoin de me retourner pour savoir qu'elle est immense. L'avalanche d'écume se précipite à quelques longueurs du tableau arrière. Encore une et je pourrai respirer un peu. Voilà déjà son rugissement comme une main invisible qui me tape sur l'épaule. Toc, toc ! Celle-là, mon gars, elle est pour ta gueule. Mon Dieu ! C'est un mur d'eau ! La violence de l'impact est inouïe. Le bateau est sous l'eau, vautré à l'horizontal. Je flotte dans l'écume, la main toujours fermement agrippée à la barre. *Kifouine* s'ébroue et se redresse en trois lourds tangages. La mer s'échappe du pont et du cockpit. À peine libéré de ces tonnes d'eau, le voilier est happé par la tempête et reprend sa course folle.

On s'agite à l'intérieur. Je crie.

– Je suis là ! Je suis là !

J'ai passé la première série de vagues traîtresses. Tout va bien. Mais déjà le deuxième train de déferlantes hurle pour que je dégage de son chemin. Nous sommes si lourds que je ne peux pas surfer ces monstres ni accélérer pour les éviter. Nous sommes condamnés à les essuyer de plein fouet.

Les haubans sifflent toujours autant mais les mastodontes semblent s'être un peu éloignés. J'installe le régulateur d'allure et je plonge, ruisselant, dans le carré. Je veux de la musique pour m'accompagner dans le combat. Dans la lumière de la lampe frontale, un CD des Doors me tombe sous la main. Je balance le son dans les haut-parleurs du cockpit. La basse de « Riders on the Storm » s'invite entre les craquements lugubres du gréement et les coups de marteau-pilon des vagues sur la coque. Jim Morrison gromelle, les Doors plantent un autre décor. Le Pacifique déchaîné se métamorphose en opéra rock.

– T'es pas bien câblé, Éric ! me dis-je tout haut en souriant intérieurement.

Alors que le naufrage est un scénario probable, je sens pour la première fois que l'océan nous a à la bonne et qu'il ne va rien se passer de grave. Peut-être, s'il aime les rêveurs, les préfère-t-il acharnés.

Ça bouge dans le ventre de *Kifouine*. J'écarte les manches serrées de mon ciré pour trouver ma montre. Je passe plusieurs fois le pouce sur le cadran. Rien à faire, la condensation m'empêche de voir. Ce doit être la relève déjà. J'imagine Brice en train de tâtonner dans le noir pour trouver ses vêtements. Il frissonne probablement quand ses avant-bras entrent en contact avec les manches humides. C'est le moment critique de l'habillement parce que les manches ne sèchent jamais en mer. La cafetière italienne tinte sur le feu de la gazinière. Il faut la fixer solidement à l'aide des serre-casseroles.

Si ça ne marche pas, je lui en apporterai une tasse quand il sera à la barre. Le panneau de bois sursaute une première fois, puis une deuxième, avant de coulisser bruyamment. Encapuchonné et clope au bec, le visage de mon équipier apparaît. Téméraire, il a son café à la main.

Une fois à l'abri, pour tenter de trouver de la chaleur, je me terre dans mon sac de couchage. J'ai sur mon ventre mes chaussettes, mes gants, mes polaires. C'est peine perdue. Impossible que tout cela sèche. Peut-être d'ici six heures seront-ils un peu tièdes.

Un grand boum éclate sur bâbord. Ça y est, Brice se fait coucher par sa première déferlante. Je roule sur la cloison sans opposer de résistance puis je reviens à ma place quand *Kifouine* se redresse.

– J'suis là, les gars ! nous crie-t-il du cockpit.

J'ai sorti un bout de tête. Le baromètre continue de baisser. Je lui murmure encore la même prière.

– Allez, sois sympa ! Remonte un peu, s'il te plaît ! Ou essaie au moins de ne pas descendre si vite !

Mon prochain quart sera plus facile car il fera jour.

Hervé me secoue. J'ai dû m'endormir.

– C'est à toi, mec.

– Déjà ?

– Oui.

Je ferme les yeux et je soupire.

– J'arrive.

Il s'éloigne, la tête rentrée dans les épaules. Il doit faire très froid. Le baromètre a encore baissé. Dehors, l'océan et le ciel se confondent dans un gris triste à mourir. La mer est beaucoup plus grosse que je ne pensais. Toute la nuit, j'ai espéré le jour et à présent qu'il est là, je n'y trouve aucun réconfort. Mais mon ventre n'est plus noué, je sais ce que j'ai à faire.

Nous plongeons tous les jours un peu plus loin dans l'océan austral. Au-dessus de mes cirés de marin, je passe une lourde combinaison de travail pensée pour les plateformes pétrolières de la mer du Nord qu'Yvon nous a donnée. En cette fin de journée terne comme toutes les autres depuis des semaines, je me félicite d'avoir enfin les fesses au sec. Mes fonds de pantalon sont devenus poreux à force de m'asseoir sur l'antidérapant gris offert par la Marine nationale et qui recouvre le pont depuis notre halte en Nouvelle-Calédonie. Tout à cette béatitude, je n'ai pas remarqué que les voiles ont changé de couleur. D'orange, elles tirent désormais sur le rouge. Derrière moi, la couche nuageuse éternellement anthracite a viré au carmin. Un trou dans le ciel au-dessus de l'horizon, là où le soleil se couche, embrase mon univers.

Pas un seul bateau à des centaines de milles à la ronde. J'ai l'impression que, pour moi, l'océan a revêtu son habit d'apparat. Je suis le seul invité à cette cérémonie fastueuse. L'excitation joyeuse de mes Noëls d'enfant me réchauffe. Je crois que je n'ai jamais été aussi heureux. Pour venir ici, il fallait certes du courage, mais le jeu en valait la chandelle. J'allume une cigarette et je ferme les yeux. Si l'homme le plus riche du monde me proposait toute sa fortune pour prendre ma place maintenant, je refuserais. Là, au bout du monde, au cœur du danger, je suis à ma place. Je plaque ma main droite devenue blanche et fripée entre mes deux omoplates.

À travers mes six couches de vêtement, je sens les contours de la lune définitivement tatouée sur ma peau, comme quand une adolescente amoureuse traçait dans mon dos une lettre avec son doigt pour que je la devine.

L'encre injectée, les couleurs choisies, le dessin créé, tout a l'air rassemblé dans une même unité pour me donner un surcroît de puissance, celle que Rua Hatu, le Neptune des Polynésiens, offre à ceux qui se donnent les moyens d'accéder à leur propre vérité. Je me sens fort.

Intermezzo #3

*Novembre 2019, îles Marquises, à bord d'*Ahoy.

La lumière de la lune tombe sur le mouillage, l'ombre de Steeven allume un grand feu sur le sable. Depuis le pont du bateau, nous regardons les cocotiers, l'écume des vagues et le sable blanc danser en ombres chinoises autour des flammes. Est-ce une invitation ? Nous en débattons et décidons que les solitudes se préservent.

Au petit matin avant de lever l'ancre, une force me pousse à aller sur la plage. Debout à l'ombre d'un cocotier, Steeven m'a vu.

– Kaoha.

– Kaoha, me répond-il sans un sourire. Vous avez vu le feu hier ?

– Oui. Nous avons hésité à venir te rejoindre.

– Je l'ai fait pour attirer les poissons et aussi pour que ça soit un joli spectacle pour vous. Si cela vous avait fait venir, alors cela aurait voulu dire que nous devions nous rencontrer.

– Nous n'avons pas osé te déranger.

À son invitation, lui et moi nous asseyons sous un arbre.

– Tu sais, quand je t'ai vu palmer jusqu'à la plage, j'ai pris peur. J'ai regardé s'il y avait votre annexe et si tu rejoignais tes amis. Comme elle n'y était pas, j'ai compris que c'était moi que tu venais voir.

Il rit presque de sa trouille.

– Oui, j'avais envie de te parler.

L'homme contemple le large longuement.

– Je n'ai pas d'ami. La plus belle rencontre que j'ai eue de ma vie, c'est avec un enfant handicapé qui ne parlait pas. Quand ses parents et lui ont débarqué ici avec leur petit bateau, il était toujours agrippé à sa mère. Je voyais qu'il voulait nager mais ses parents trouvaient cela trop dangereux… Je suis venu les voir et je leur ai dit que je le prenais avec moi. Ils ont eu très peur, mais je suis parvenu à les rassurer. « Ne vous inquiétez pas, je nage très bien. Je ferai attention. » Le père a fait un signe à sa femme, ils ont accepté. Avec l'enfant, nous sommes partis nager cinq minutes, puis le lendemain dix minutes, puis vingt minutes… Toujours plus

longtemps et toujours plus loin. Au début, il ne me lâchait pas, mais au bout de quelques jours, il a voulu nager seul. Je l'ai laissé faire. Et puis un jour je l'ai laissé tout là-bas.

Il me montre le fond de la baie en riant.

– Quand je suis arrivé sur la plage, la mère m'a hurlé dessus parce que son fils était toujours dans l'eau et très loin. Je lui ai dit qu'il ne fallait pas qu'elle s'inquiète. Après de longues minutes, il est arrivé. Ses parents avaient dû lutter pour ne pas aller le chercher avec leur annexe. Quand il a touché la plage, sa mère s'est précipitée pour le soutenir. Il a repoussé son bras. Il voulait marcher seul jusqu'aux cocotiers. Quand il s'est assis près de moi, il avait le souffle court mais un grand sourire aux lèvres. Le plus beau sourire que j'ai jamais vu. C'est devenu mon meilleur ami, un enfant de quatorze ans.

LIVRE TROISIÈME

Transmettre
ou ne pas pousser de l'eau pour rien

Moi aussi, des jeunes handicapés ont transcendé mon premier tour du monde à la voile. Grâce à Brice, comme toujours.

Tout a commencé à Paris, dix mois avant que nous ne partions de La Rochelle. Après huit ans de travail acharné, le centre de vie pour handicapés PasseR'aile allait bientôt sortir de terre et c'est avec eux que nous souhaitions nous associer. Avec la complicité de leurs parents, nous avions réuni ses futurs pensionnaires, dont les deux cousins de Brice, dans le local de l'association installée dans le 14e arrondissement parisien. Avant de m'y rendre, à bord de la Peugeot 306 de Brice sur le périphérique, je ressassais. C'était un monde inconnu pour moi que celui du handicap, je ne voulais pas commettre d'impair ni blesser personne.

Sur d'imposants fauteuils électriques, aux premiers rangs de la petite pièce bondée et étrangement silencieuse, des visages tordus nous observaient. Au fond, les parents étaient adossés au mur, les bras croisés et le regard las. Intimidé, je suis entré à la suite de mes deux acolytes. Brice a posé sa sacoche dans le petit espace libre qui nous était réservé et s'est lancé sans prévenir dans un tour d'embrassades, ce qui a instantanément provoqué des rires saccadés et gutturaux. Hervé et moi avons suivi maladroitement le mouvement et des sourires bienveillants sont apparus partout, brisant la glace. Pour entrer dans ce groupe, je compris tout de suite qu'il fallait toucher. Par peur ou par dégoût, les personnes handicapées subissent la double peine d'être invalides et privées du contact de la peau des autres êtres vivants. Serait-ce en fait pour cela que nous médicalisons tant ce qui les concerne, pour éviter de leur serrer la main et de les embrasser ? Ici, on n'accueillait que ceux qui osaient le contact humain.

Nous leur avons proposé, une fois en mer, de leur envoyer régulièrement des textes, des vidéos et des photographies, ce qui les a enthousiasmés. Ils ont accepté à l'unanimité de nous suivre et leur joie m'a bouleversé. Que nous nous intéressions à leur existence semblait être le plus beau cadeau que nous puissions leur faire. Derrière cette euphorie de l'instant suintait pourtant cette solitude bouleversante qui avait l'air d'être la leur. Nous sommes repartis étrangement silencieux vers la voiture. Je me suis senti misérable.

– On ne peut pas leur offrir que ça !

Hervé et Brice ont acquiescé.

– Il n'y a pas d'ambition, pas de folie. (J'ai tourné la manivelle de ma fenêtre pour prendre de l'air.) Ils sont déjà toute la journée devant un écran d'ordinateur ou de télé. On ne va quand même pas en rajouter une couche avec une putain d'aventure virtuelle !

– La vraie folie serait de les emmener à bord ! s'est exclamé Hervé.

Ça, c'était tout Hervé, de proposer avec enthousiasme des trucs généreux et impossibles.

– Le bateau n'est pas adapté, a répondu Brice. Il n'y a pas de toilettes, pas de confort. Il est beaucoup trop petit. On parle de handicap très lourd, là.

Brice a accéléré sur la rampe d'accès du périphérique et allumé une cigarette.

– Il y a toujours les escales, a-t-il jeté à travers son nuage de fumée.

– Bonne idée ! reprit Hervé. On les fait venir aux escales et on leur fait vivre les vacances de leur vie.

Je me suis saisi de l'appuie-tête de Hervé pour me hisser jusqu'à eux.

– Là, on fait vraiment quelque chose.

– En plus, ils sont complètement flippés par l'ouverture du centre, a ajouté Brice. Les parents ont la trouille de les laisser quitter le nid et les jeunes se demandent bien s'ils pourront être autonomes. Ça me touche vraiment que vous soyez partant pour ça, les gars.

Je lui ai touché l'épaule.

– C'est une super idée. On les appelle demain.

Brice a tapoté sa cigarette au-dessus du cendrier qui débordait. Hervé rayonnait.

Puisque tout l'enjeu pour ces jeunes adultes était de sortir du cocon familial, nous avons édicté une règle simple qui allait tout changer. Les accompagnateurs ne seraient jamais le père ou la mère. Ce serait soit un ami, une cousine, une tante, un frère ou une sœur, qu'importe, mais pas un des parents.

*

Lors de notre première escale en Guadeloupe, nous allons évidemment tirer le diable par la queue pour financer la venue de cinq jeunes et de leurs accompagnateurs, ainsi qu'un kinésithérapeute garant d'un certain sérieux plutôt que d'un sérieux certain. Nous voulons vivre ensemble, pas passer le temps. Pendant quinze jours, nous entamons une exploration totale de l'autre. Ce qui paraissait insurmontable devient aisé ; nous ouvrons à fond nos robinets d'entraide et d'enthousiasme. Nous pouvons tout faire et parons les écueils un à un sans jamais être obsédés par la sécurité.

Pour financer les escales, des années avant la création des sites de financement participatif, nous organisons sur Internet une régate planétaire entre *Kifouine* et un bateau virtuel qui avance avec des dons. Pour chaque euro versé, le navire fictif baptisé l'*Espoir Ré-Alizé* parcourt un mille nautique sur la mappemonde. Il ne va pas nous battre, non, il va nous écraser en effectuant trois révolutions autour du monde grâce à l'engouement et la générosité de particuliers et d'entreprises.

Si le départ de l'opération est poussif, nous sommes bientôt portés par ce succès que nous alimentons quotidiennement par des nouvelles du bord. Plus de cinq mille personnes reçoivent chaque matin dans leur boîte mail notre missive du large. Nous nous relayons tous les trois à la table à carte pour raconter la journée passée. C'est un moment de solitude que nous apprécions et nous redoublons de créativité tous les jours, dans une saine émulation littéraire.

Les escales sont toutes hors norme. Rien ne nous arrête. Un samedi soir et jusqu'à l'aube, nous prenons en otage à cinq fauteuils la piste de danse du club le plus huppé du Cap, en Afrique du Sud, alors que les soirées « Handicap friendly » de nos amis ont généralement lieu les mardis entre dix-sept heures et vingt heures trente. Nous partageons la vie d'une tribu kanak dans une hutte sur l'île de Lifou en Nouvelle-Calédonie. Le débit du tuyau d'eau du village ne dépasse pas l'épaisseur du petit doigt et interdit toute hygiène à la norme ISO. Tout le monde s'en moque. Nous descendons le Nil sur une felouque traditionnelle, nous organisons des baptêmes de plongée et des safaris.

Les jeunes pensionnaires du centre PasseR'aile prennent leur envol. Sollicités, ils découvrent en eux des capacités qu'ils ne soupçonnaient pas.

Escale après escale, ces épopées terriennes deviennent la colonne vertébrale de notre périple autour du monde. Certes, elles m'obligent à quitter ma rêverie de va-nu-pieds. Car avant chaque retrouvaille, nous revêtons un polo et un short propres pour nous transformer en organisateurs-animateurs. En nous imposant un timing serré, ces séjours nous obligent à nous dépasser pour naviguer vite et bien, trouver les financements et élaborer une logistique complexe. Mais j'avance désormais avec le sentiment de ne pas pousser de l'eau pour rien. Je ne fais plus le même voyage que les bateaux croisés au mouillage. Leurs équipages se plaignent souvent de l'accueil des locaux quand, partout où *Kifouine* nous mènera, le regard des gens sera bienveillant. Partout, nous ne trouverons que des femmes et des hommes farouchement solidaires, qui ne connaissent que le oui pour réponse. L'air du monde devient enfin respirable. Pour eux, pour nos invités, pour nous.

*

La circumnavigation de *Kifouine* a touché un public si large, et notamment les lecteurs de la revue *Voiles et Voiliers* dans laquelle nous racontons régulièrement nos péripéties, qu'une fois revenus de notre périple, en décembre 2006, les organisateurs du Salon nautique de Paris nous ont invités pour présenter à la fois le livre que nous avons écrit sur le sujet, *Kifouine, un tour du monde en soliDaire,* mais aussi notre bateau revenu au port. Avec la quille posée par terre, le pont culmine à deux mètres cinquante. Alors, pour rendre la visite accessible à tous, nous avons emprunté une nacelle électrique chez Kiloutou. Là encore, les transferts entre la machine et le bateau ne seront pas très sécurisés mais nous ne déplorons heureusement aucun accident grave. En réalité, ce sont les soirées qui sont les plus dangereuses, puisque nous parcourons les allées du salon à fond de train, la nacelle dépliée au maximum de sa hauteur, pour offrir du champagne aux autres stands !

Ce jour-là, c'est grâce à la bienveillance de Pierre Katz, responsable technique du salon, que je fais par hasard visiter le bateau à Laurent Marzec. Laurent, c'est son sourire qui me frappe en premier. Brun, grand et mince, il se déplace avec légèreté sur son fauteuil roulant, chargé de posters et de prospectus.

– Je viens tous les ans au salon pour m'émerveiller, dit-il pour se justifier. Un exposant m'a parlé d'un bateau bizarre avec plein de fauteuils roulants, donc je viens vérifier.

– Tu navigues ?

– C'est mon rêve mais avec mes nageoires, ce n'est pas facile. (Il me montre ses mains figées comme celles d'un Playmobil, puis reprend.) Je fais du kayak surtout mais, dernièrement, j'ai plutôt fait du vélo. Je viens de traverser les Pyrénées d'est en ouest.

– La vache ! Mais c'est quoi ton handicap ?

– Je suis tétraparésique. (Devant mon incompréhension, il ajoute :) En gros, je suis un tétraplégique de luxe. J'ai de la chance, je peux me lever, marcher un peu et bouger mes bras.

Je montre derrière moi le bateau avec le pouce.

– Tu veux visiter ?

– Grave !

Le passage au-dessus du vide ne lui fait pas peur, bien au contraire : il se marre. Assis dans l'intimité du carré, il se confie.

– J'ai eu un accident de drague à seize ans.

– De drague ?

– Je voulais impressionner une fille sur la plage avec mes potes. Pour faire un plongeon différent, j'ai choisi le saut de l'ange. Mauvaise pioche… Ma nuque s'est brisée sur le sable dans vingt centimètres d'eau. Dur. Dans mon centre de rééducation à Berck, je me suis échappé une nuit avec un fauteuil électrique pour me jeter du haut de la falaise. Mais les roues se sont enlisées dans la boue à deux mètres du vide et j'ai passé la nuit à me demander si je voulais vraiment mourir. Au petit matin, c'est la vie qui l'a emporté. Au-dessus de mon lit il y avait ce poster des Pyrénées. C'est vite devenu une obsession. Je me suis retapé pour être capable de marcher de la plage où j'ai tout perdu en Méditerranée jusqu'à l'océan Atlantique.

Dans un sourire désarmant il écarte les mains comme pour s'excuser.

– Je suis un romantique.

– Ce n'est pas rien, les cols du tour de France. Même pour un romantique.

– Oui, ce n'était pas facile. J'ai écrit un livre pour raconter l'aventure : *À corps perdu*. Je te le passerai contre le tien si tu veux ?

– Avec plaisir.

Il y a chez Laurent une rage de vivre que je n'ai pas ressentie avec les quarante-cinq filles et garçons handicapés qui ont navigué avec nous sur *Kifouine*.

Quelques semaines plus tard, lors d'une virée avec Brice et Hervé dans le sud de la France, j'ai soudain l'inspiration que j'attends depuis des mois. Je veux continuer à surfer la vague de *Kifouine* pour ne surtout pas retomber dans le calme plat. Fébrile, je sors de la voiture et j'appelle Laurent.

– Comment vas-tu ?

– Bien, je suis en train de faire du piano.

– Tu joues du piano avec tes nageoires ?

– J'utilise la pulpe de mes doigts. Ça marche pas mal. Je fais aussi de l'harmonica.

Je peux entendre son sourire.

– Dis-moi, je n'arrête pas de penser à notre rencontre. J'ai un projet à te proposer.

– Je t'écoute.

– C’est un truc qui n’a jamais été fait.

– Vas-y !

– J’aimerais former avec toi un équipage de sportifs valides et handicapés pour tenter un record mondial à la voile.

Laurent éclate de rire.

– OK, je suis partant.

– Attends ! Prends un peu le temps de réfléchir. C’est un gros truc qui va prendre au moins trois ou quatre ans.

– Pas besoin. Je me suis promis de toujours accepter ce genre de folies ! Par quoi on commence ?

– Par former une équipe et trouver un bateau.

Comme un goût de piment

Si personne n’avait jamais composé un équipage mixte de marins handicapés et valides pour défier un record océanique, il y avait une raison. Parce qu’un tel projet s’apparentait ni plus ni moins à un potentiel suicide collectif.

Où que j’aille, tous les marins expérimentés me répétaient la même chose : les femmes et les hommes handicapés n’ont pas leur place au large, à des jours du premier port et des secours. Sauf que, répondais-je, dans notre société du tout-sécurité, nous confondons prendre soin et protéger. Au lieu de nous creuser la cervelle pour inventer de nouvelles formes d'accompagnement, nous mettons sous verre les plus fragiles. C'est plus pratique, cela nous donne bonne conscience, mais nous empêchons de grandir une partie de notre communauté.

Une petite anecdote de mon voyage sur *Kifouine* me restait en travers de la gorge.

À Nouméa, en Nouvelle-Calédonie, nous avons visité un magnifique centre de vie pour personnes handicapées, idéalement placé au bord du lagon. Le personnel, les locaux, tout était sublime. La chaleur était suffocante. Alors que je poussais la petite barrière qui donnait accès à la plage dans l'intention de me baigner avec mes amis dans l'eau translucide, j'ai invité tous les membres du centre à nous rejoindre. Un responsable m'a stoppé.

– Désolé, ils ne peuvent pas aller se baigner.

– Mais pourquoi ?

– Il n'y a personne pour surveiller la baignade

– Nous allons le faire nous-mêmes. On a l'habitude maintenant.

– Ce n'est pas possible. Nous n'avons personne qui possède un diplôme de maître-nageur spécialisé.

Je m'étais arrêté, les mains sur les hanches devant la petite troupe qui nous regardait depuis la cantine.

– Ça fait longtemps ?

– Des mois. Nous n'arrivons pas à en trouver.

– Donc personne ne se baigne ?

– Non, personne.

– Mais c'est un supplice horrible.

– Oui, m'avait répondu le directeur d'un air désolé.

En rentrant de notre tour du monde, quel choc de découvrir que notre société incite si peu les personnes handicapées à rejoindre le marché du travail. Elle les bride grâce à de maigres aides pour qu'elles restent chez elles. Même si de nombreux handicaps empêchent d'avoir une activité, j'ai souvent croisé des femmes ou des hommes qui auraient pu apporter beaucoup à la société mais qui, par peur de perdre une aide, une allocation ou un soutien, préféraient rester enfermés. Une façon d'infantiliser ceux qui en ont justement le moins besoin, une manière de leur ôter quelques kilos de dignité.

Nous avons inventé l'argent de poche pour adulte ; de l'argent sans contrepartie pour nous débarrasser du problème. Nous devrions avoir honte de notre paresse. J'y voyais là un manque de courage collectif qui me met toujours dans une colère noire.

C'est cette injustice que j'ai voulu combattre. La meilleure façon de le faire était de proposer un exemple. Un équipage de course au large n'avait rien à faire de personnes handicapées ? Très bien, il sera composé de marins valides et de handicapés à parité ! Nous inventerons au fur et à mesure et ensemble la manière de faire.

Bien sûr, je savais bien que nous ne serions pas performants comme un équipage de professionnels. Je ne suis pas fou. Il nous fallait simplement trouver un objectif atteignable pour devenir le premier équipage mixte à détenir un record officiel enregistré au World Sailing Speed Record Council, la bible des références nautiques. J'ai trouvé, sur le site de l'organisation, un record qui existait depuis cinq ans mais qui n'avait jamais été tenté, faute d'intérêt sans doute. Il s'agissait de « L'Odyssée des épices » entre Port-Louis, à côté de Lorient, et Port-Louis, la capitale de l'île Maurice, dans l'océan Indien. Le trajet rendait hommage à la célèbre route des Indes suivie par les grands bateaux en bois de la marine. Parfait ! Cette image des épices me parlait : le handicap n'est pas un boulet à traîner, c'est un piment qui relève le goût des hommes pour le partage.

Un ergonomiste, spécialisé dans le handicap et marin à ses heures, a planché gracieusement sur l'aménagement d'un bateau qui pourrait convenir à notre équipage. Le rapport qu'il me rendit trois mois plus tard était très épais. Si le projet était techniquement possible, le budget pour respecter les règles à la lettre n'était pas à notre portée. Pour loger tout le mobilier et le matériel réglementaire ainsi que respecter les dimensions obligatoires, le bateau devrait mesurer plus de trente mètres de long. De plus, un autre navire devait être affrété pour nous escorter.

Le choix était dramatiquement simple : soit je me pliais aux règlements qui régissent le handicap en France et j'abandonnais ; soit j'avançais sans filet. L'aventure ne pouvait être envisagée que si nous acceptions d'enfreindre les règles. L'action m'imposait l'état de rebelle. Contrairement à ce que me serinaient les tristes sires, j'ai vite remarqué que je n'étais pas le seul à y croire. En réalité, en voulant entreprendre cette aventure que personne n'avait tentée, je catalysais la peur des autres. Or, la peur des autres se soustrait toujours au courage et aux envies d'un seul.

Mais je devais d'abord constituer mon équipe.

*

Aux côtés de Laurent, nous intégrons d'abord Grégory. Proche des quarante ans, paraplégique à cause d'un cancer pendant son adolescence, Greg est danseur de hip-hop en fauteuil et régate en MiniJI, un petit bateau qui est à la voile ce que le kart est à l'automobile. Ses larges épaules et sa mâchoire carrée ne trompent pas. Ce gars-là est un athlète. Laurent et lui se jaugent dès notre première rencontre. Ils se reconnaissent à leur fauteuil roulant. Tous deux disposent du modèle dernier cri. En carbone pour plus de légèreté, à l'équilibre précaire, pour ceux qui privilégient la vélocité au confort parce qu'ils ne veulent pas rester en place. Nos déplacements se transformeront immédiatement en runs de vitesse et en sauts de trottoir.

Je demande également à Nicolas d'intégrer l'équipe. Dans mon cercle d'amis, c'est le seul assez fou pour être emballé par l'idée. Nous avons le même âge et faisons la même taille mais lui est plutôt brun et svelte quand je suis plus couleur de blé et légèrement enrobé. D'une nature joyeuse, travaillant pour l'Agence française de développement, il est éveillé sur le monde qui l'entoure et ça me plaît. J'écoute toujours avec attention ses analyses avisées. Nous avons déjà navigué ensemble lors d'une croisière hivernale dans les îles anglo-normandes. Nicolas est quelqu'un qui me rassure et j'ai absolument besoin d'une personne fiable pour me seconder.

Car rien n'est jamais aussi facile qu'on veut bien nous le laisser croire. Un week-end sur deux, nous nous entraînons sur un petit voilier habitable dans la rade de Marseille. Ce samedi, l'atmosphère est pesante – comme la dernière session et celle d'avant. Je ne retrouve pas l'ambiance de notre trio de kifouineurs. Laurent est malade et Grégory est très lent. Depuis une demi-heure, je monte progressivement en pression.

– Allez, Greg, mon gars, vas-y !

Il souffle ostensiblement, serre les dents et continue de faire tourner le winch comme s'il n'avait rien entendu. Nous lançons un autre virement de bord. La voile faseye pendant de longues secondes. Nous levons les yeux au ciel d'impatience. Je l'encourage avec humour.

– Allez, Greg, n'aie pas peur !

Il éructe soudain en me regardant droit dans les yeux :

– Putain ! Tu trouves ça drôle ? Je vais te couper les jambes et tu vas voir ce que ça fait !

J'en reste coi. Mes compagnons n'en reviennent pas non plus.

– Attends, mec, calme-toi. Tu as vu à quelle vitesse tu tournes la manivelle ? Tu as deux bons bras, un bon dos. Tu dois pouvoir border les voiles et choquer plus vite que ça quand même !

– Je ne veux pas me blesser.

– OK, mais c'est la voile qui ne va pas faire long feu à ce rythme-là. On ne peut pas continuer comme ça. Comment on peut t'aider ? C'est super frustrant pour nous. Tu ne dis jamais rien.

Grégory croise les bras, mécontent. Il boude. Je m'assois à sa droite.

– Écoute, Greg. On a deux choix. On peut te traiter comme un équipier normal et adapter ensemble ton poste à ta spécificité. Ou alors on te considère comme un handicapé et on te laisse tranquille, mais tu ne feras jamais vraiment partie de l'équipage. Tu dois faire tout comme tout le monde.

– Mais je ne suis pas comme tout le monde, putain !

– On sait que tu es paraplégique. On ne va pas te demander de courir sur le pont. Mais trouvons ensemble comment tu peux tenir ton rôle, OK ?

– OK.

– Bon, allez, on recommence.

Grégory s'applique de son mieux mais la manœuvre ne va pas plus vite pour autant. Peut-être qu'en prenant progressivement confiance, il s'améliorera ?

Le cinquième équipier m'est conseillé par un copain qui navigue en charter dans les glaces du pôle Nord. Il a croisé ce gars amputé là-bas et m'a certifié que c'était un garçon fait pour moi. Quand je le rencontre, David revient d'un raid en kayak au Spitzberg dans le cercle arctique. Nous nous sommes donné rendez-vous dans le hall de la gare Montparnasse avant qu'il ne monte dans un TGV pour rentrer chez lui en Bretagne. David a eu la jambe arrachée dans un grave accident de moto, alors je scrute la foule à la recherche d'un infirme en béquille. Je ne vois pas bondir sur moi ce barbu hirsute coincé entre deux énormes sacs à dos. Je recule pour ne pas me faire transpercer par les bois de renne qui culminent au sommet de son bagage ventral.

– C'est toi, Éric ?

– Oui. David ? Ça va ?

– Ouais ! Pas plus vite qu'à fond !

Je souris et je lui propose de le soulager d'un sac pour rejoindre la terrasse de la brasserie la plus proche.

– Non, merci, ça m'équilibre.

En guise de prothèse, David a une jambe de bois comme les pirates. La quarantaine bien tapée, le corps sec et musclé, il se défait de son chargement dans un grognement de douleur.

– Ils ont l'air lourd, tes sacs.

– Oh, c'est rien ! Y a que deux mois d'expédition là-dedans. Alors, ce projet ? me lance-t-il dans un sourire.

– On cherche des équipiers motivés.

– Je le suis et je suis prêt. Je fais du kayak de mer tous les jours, qu'il neige, qu'il pleuve ou qu'il vente. Je sais faire de la voile. Tu peux compter sur moi. Je demande qu'une chose, c'est que l'ambiance soit bonne.

– On fait les choses sérieusement mais on ne se prend pas au sérieux.

– Très bien !

– Et avec ton handicap, tu penses qu'il va falloir adapter le bateau ?

– Quelques poignées bien placées pour me tenir en pleine mer et ça devrait suffire. Mon accident ne change rien à ma vie : sexe, adrénaline et rock'n'roll !

Je ris mais David demeure le plus sérieux du monde.

– Bienvenue dans l'équipage. On a bien besoin d'un guerrier comme toi !

Son corps se tend dans la poignée de main et ses yeux bleu acier me transpercent.

Ne pouvant nous rejoindre à cause de la distance géographique, Justine est la dernière à intégrer l'équipage. Pourtant, après Laurent, Juju a été la première à qui j'ai proposé un rôle. C'est une grande et belle fille peu volubile. Bien perspicace celui qui décryptera ce qui se passe derrière ses grands yeux bleus, mais j'apprécie son calme. Elle est à l'image de ses créations : sobre et efficace. De New York où elle travaille comme graphiste, elle s'investit immédiatement dans l'aventure en inventant la décoration blanche et rouge du bateau et la charte graphique des plaquettes de démarchage. C'est la meilleure amie de Chloé, qui était à cette époque ma femme. Justine est très sportive ; pour elle, la voile est plus qu'une passion. Si bien qu'au début de l'année 2009, elle quitte la Grosse Pomme pour vivre de nouvelles aventures en France. Dont la nôtre, qui figure en tête de liste.

*

Le premier juillet 2009, nous sommes enfin au complet. Sous un soleil de plomb, trois équipiers valides et trois équipiers handicapés, sanglés dans leurs chemises blanches toutes neuves regardent fièrement la grue déposer pour la première fois dans l'eau du port de La Rochelle le dernier de la bande : *Jolokia*, notre bateau. J'ai choisi le nom d'après le Bhut Jolokia, le piment le plus puissant du monde, crédité de plus d'un million d'unités sur l'échelle de Scoville. Par comparaison, la harissa pointe seulement à quarante mille unités. En faisant mes recherches sur Internet, j'ai découvert que des gens sont assez fous pour en avaler et se filmer sur YouTube. À voir leurs têtes, il n'y a pas de doute, c'est vraiment très fort. La légende indienne dit même qu'il permet de voir les fantômes. Ce nom m'apparaît comme une évidence : d'abord à cause de la coque rouge et trapue de notre navire, ensuite parce que notre objectif est bien d'établir un temps de référence sur la route des épices.

Jolokia flotte. C'est une machine de guerre de quinze mètres qui réclame du soin et de la concentration. La grue se saisit du grand mât et Marc Pinta, toujours lui, dirige avec sa main gauche un ballet d'hommes et de machines pour l'implanter sur le pont. Je sais que je n'ai pas le niveau pour l'apprivoiser et l'équipage encore moins. J'ai quelques mois pour apprendre.

Notre mission est de devenir un équipage performant, capable de vivre plus de deux mois dans un espace réduit soumis à des conditions rudes. Ensemble nous allons affronter l'océan Atlantique, le cap de Bonne-Espérance puis l'océan Indien. De Lorient jusqu'à l'île Maurice.

Après des mois et des mois d'entraînement, nous ne parvenons pourtant pas à dépasser l'île d'Yeu.

David, les bras croisés, montre clairement qu'il n'apprécie pas les séances menées par Pierre, le petit frère de Nicolas, devenu notre jeune entraîneur, ni le débriefing que nous animons tous les soirs dans le carré de contreplaqué blanc. Quand le coach lui demande ce qu'il a à dire, notre Breton pur beurre lui répond :

– T'es trop jeune. Tu ne sais pas faire. Point barre.

Nicolas reprend la parole en rigolant :

– Vous vous prenez trop au sérieux, les gars. On n'a pas besoin d'aller vite. Il faut juste naviguer proprement.

Je prends la balle au vol et je rétorque :

– C'est un record qu'on veut faire, Nico, pas une croisière ! Le message ne passera que si nous sommes performants. C'est exigeant et on n'a pas le niveau. Il faut bosser !

– Ouais, mais avec Laurent et David, on a le mal de mer. Il nous faudrait une journée tranquille pour nous acclimater.

– On ne navigue que trois jours toutes les deux semaines, Nico. On ne peut pas enlever une journée. On ne va jamais y arriver comme ça.

– Moi, je souffre de ne rien pouvoir faire, dit Laurent. Je suis désolé si j'arrive en retard aux quarts mais il me faut une bonne demi-heure pour m'équiper. Je ne peux pas me tenir et m'habiller en même temps.

– Laurent, par rapport à Nicolas, tu n'es pas en retard… lance Pierre.

– Quand il ne dort pas…

La remarque m'échappe car je garde en travers de la gorge le fait d'avoir découvert mon second endormi à la table à carte pendant son quart lors du dernier entraînement. Il avait brisé ma confiance.

– Je suis super fatigué à cause du boulot, se défend Nicolas avec un sourire qui faiblit.

– Ce n'est pas notre problème. Il faut que tu arrives en forme à l'entraînement. On a besoin de toi.

David décroise les bras et lance :

– Moi, ça fait des semaines que je demande qu'on colle des bandes de protection dans le cockpit pour que je ne m'abîme pas le moignon.

Justine lève la main.

– Le pire, c'est tes poches d'urine, Greg. Tu les laisses partout, c'est dégueulasse !

Tout le monde acquiesce.

– J'aimerais vous y voir ! (Greg est furieux.) Essayez de vous sonder en mer !

– Ça ne justifie pas le fait de ne pas les mettre à la poubelle, répond-elle.

– C'est comme quand on arrive à quai et que tu vas prendre ta douche alors qu'on se casse le cul à nettoyer le bateau. Ça ne le fait pas, renchérit David.

– Je suis handicapé, bordel ! hurle Greg.

Tous lèvent les yeux au ciel.

J'essaie de conclure en demandant à chacun de faire un effort. Demain nous essayerons encore de dépasser l'île d'Yeu dans la joie et la bonne humeur. J'envoie notre hymne sur la chaîne hi-fi du bord : « Octopus's Garden » des Beatles. « Je veux me cacher dans le jardin d'une pieuvre dans l'ombre où personne ne viendra me chercher. »

En décembre, nous présentons *Jolokia* au Salon nautique de Paris, trois ans après *Kifouine*. Notre piment rouge est cette fois installé fièrement sur le parvis, devant l'entrée des visiteurs. Des milliers de personnes empruntent la longue rampe d'accès que nous avons fait installer. Ils découvrent l'ergonomie étrange du cockpit, fruit de six mois de travail collectif avec Marc Pinta, Éric Henseval, l'architecte naval qui a travaillé sur le monocoque, et Isabelle Autissier, la grande navigatrice rochelaise.

Notre principal souci a été le déplacement des équipiers handicapés d'un poste de travail à un autre. Si ces transferts sont complexes à terre, ils deviennent acrobatiques dans une mer formée. Après des semaines d'échange de dessins, à buter sur cette difficulté, une évidence toute simple nous est apparue : pourquoi emmener l'équipier à la manœuvre quand on peut amener la manœuvre à l'équipier ?

Il fallait y penser. Dès lors, nous avons déroulé petite innovation après petite innovation. À bord de *Jolokia,* toutes les manœuvres se réalisent assis sur des sièges adaptés. Tous les déplacements se font sur les fesses et il y a toujours une poignée bien placée pour se tenir. Les visiteurs du salon le savent : quand la mer est mauvaise, que l'on soit valide ou handicapé, tout le monde se déplace sur le cul. Notre bateau bizarre plaît au plaisancier chevronné comme au marin du dimanche. Ce que nous avons inventé pour les personnes handicapées se révèle être une sécurité supplémentaire pour tous. En acceptant une contrainte hautement déraisonnable pour la plupart des gens de mer, nous avons innové.

La création est très souvent le fruit de la contrainte : il faut accepter d'aller là où personne n'a jamais posé le pied.

*

Nous nous retrouvons en février 2010 pour une formation météo et médicale dispensée par Jean-Yves Bernot et Antoine Grau, deux pointures de ces disciplines. J'attends ce moment avec impatience car il va rendre l'aventure concrète. Cela me change des problèmes humains et des factures à régler. Il est enfin temps de sortir la tête du guidon pour m'intéresser à la course au large.

Avant la pause-déjeuner, Laurent demande solennellement la parole.

– J'aimerais vous parler d'une chose importante.

Autour de la grande table de travail, nous nous taisons et nous tournons vers lui.

– Cette semaine, j'ai eu un rendez-vous avec ma neurologue. (Il prend son temps, cherche ses mots.) Elle m'a confirmé ce que je redoutais. Je suis en train de perdre l'usage d'un de mes doigts. D'habitude, elle me pousse dans toutes mes aventures, mais là elle m'a dit qu'il fallait que je fasse attention parce que c'était grave. Il faut que je passe des examens complémentaires en mai pour savoir si je continue l'aventure ou non.

Après un court silence et un échange de regards soucieux, c'est Nicolas qui lui répond.

– D'accord, pas de problème, Laurent. On t'attend le temps qu'il faut.

Je suis anéanti. Comment Nicolas peut-il affirmer une chose pareille ? On n'a pas le temps. Nous avons un planning à respecter et des mécènes qui ont signé avec nous pour trois ans, pas pour quatre. Mais dans quel monde vit-il ?

Tous s'amusent à table comme si le problème était réglé. Je me tais, abasourdi. Personne ne comprend que nous ne pouvons pas nous permettre d'attendre le mois de mai. J'ai monté cette aventure avec Laurent, mais s'il quitte le navire, je me retrouve seul. Il n'ose pas nous dire qu'il veut arrêter. Il cherche à nous ménager mais il nous met dans la mouise. En mai, je sais qu'il nous dira que les résultats sont mauvais et qu'il ne peut pas être des nôtres.

Je l'appelle par Skype le lendemain de la fin du stage. Dans la cuisine de ses parents, il apparaît souriant, comme à son habitude, mais ses yeux sont tristes. Il faut que j'aille droit au but.

– Tu vas bien ?

– Oui, je vais bien.

– Nous devons jouer carte sur table, mec.

Il inspire longuement et son regard se voile.

– OK.

– Dis-moi vraiment ce qui se passe. Je sais que ce n'est pas qu'une histoire de neurologue.

Il baisse la tête puis me regarde.

– Je déteste naviguer, Éric. J'ai horriblement peur. Avec les mouvements violents du bateau, je ne peux rien faire. Pour essayer de me trouver un rôle, tu m'as mis à la veille sous le vent mais c'est pire. Tout seul au ras de l'eau et avec le flux d'air glacé, je suis mort de trouille pendant tout le quart.

– Depuis le début ?

– Oui. Je sors de chaque entraînement avec l'envie de tout plaquer mais je me l'interdis. Dans le TGV du retour, je me donne trois jours pour me remotiver et prendre une décision à tête reposée. Au bout des trois jours, j'oublie les souffrances et je me relance pour en prendre plein la gueule la fois d'après. Entraînement après entraînement, c'est toujours le même scénario.

– C'est de la folie, Laurent.

– Je sais. (Il pleure.) Tu ne peux pas savoir comme ça me soulage de te le dire.

– Ça me fait du bien aussi de l'entendre. Je ne comprenais pas, mais maintenant je vois l'enfer que tu vis à bord. Si en plus tu n'aimes pas ça, alors il faut vraiment arrêter. Tu vas te faire mal. Ne m'en veux pas, mais je crois que ça va aussi soulager l'équipe. Avec ta peur, on n'arrivait pas à avancer. Elle nous bridait.

– Je ne veux pas mettre le projet en péril. Il est plus important que moi et que nous tous. Il faut que tu me trouves un remplaçant.

– Oui, je vais commencer à chercher tout de suite.

À travers l'écran de l'ordinateur, la peine de mon ami me fait chavirer. J'ai envie de le prendre dans mes bras. Il est si difficile d'accepter sa fragilité, encore plus quand le corps est injustement blessé.

– Merci, mec, pour cette conversation. Nous allons trouver une solution.

– Je t'embrasse. À très vite !

– Oui, à très vite. Je t'embrasse.

Par téléphone je préviens tous les membres de l'équipage. Tous comprennent, à l'exception de Nicolas, qui ne cache pas son amertume.

– Tu l'as poussé vers la sortie.

– Non, Nicolas, je te promets. Il est soulagé. Il ne savait pas comment sortir de cette impasse. Appelle-le si tu veux !

– Oui, je vais l'appeler, mais je te préviens. Je remets en cause mon implication dans le projet tant que je n'ai pas eu une discussion en tête à tête avec Laurent. Notre objectif, c'est que tout le monde aille au bout. Maintenant, on est plus de valides que d'handicapés à bord. Ça n'a plus de sens.

– On va trouver un remplaçant. J'ai déjà des pistes. L'important, c'est que l'aventure, elle, aille au bout.

– Moi, c'est avec Laurent que je veux le faire. On a commencé l'aventure avec lui, on doit la boucler avec lui.

Je raccroche en colère. Comment peut-il imaginer une seconde que je veuille exfiltrer Laurent ? J'ai envie que ça marche, oui, mais pas au prix de notre amitié. Ne rien faire, ne rien dire aurait été irresponsable pour le projet, injuste envers les mécènes et les membres de l'équipage qui donnent tout depuis des mois. Et puis, moi non plus je ne tiendrai pas une année de plus. Je veux qu'on y aille, qu'on en finisse !

Quand Yves Parlier m'écrit, cela fait des semaines que je remue ciel et terre pour trouver une équipière ou un équipier. Le célèbre marin français a gravé l'une des plus belles si ce n'est la plus belle histoire du Vendée Globe. En 2001, sur l'île Stewart, au large de la Nouvelle-Zélande, sans aide ni assistance, il était parvenu à se reconstruire un mât avec trois morceaux de celui qui s'était brisé en pleine mer, avant de terminer la course.

« Salut Éric, m'écrit-il. J'ai appris que tu cherchais un handicapé pour ton projet. Je connais un gars aveugle qui s'appelle Olivier. Il détient le record du monde de vitesse en planche à voile dans le noir avec 23,7 nœuds. Tu devrais le rencontrer. »

Je suis super excité à l'idée d'intégrer une personne aveugle à l'équipage. Marc douche rapidement mon enthousiasme.

– Là, c'est trop déraisonnable, Éric. Tu te colles un défi dans le défi. Vous avez déjà du mal à naviguer.

– Il faut essayer avant de juger.

Il n'aime vraiment pas ça, Marc. Il met les mains dans les poches de son éternel short bleu et s'éloigne en rentrant la tête dans les épaules. Il revient et sa voix est plus aiguë.

– Mais comment va-t-il se protéger d'une vague déferlante ou d'un cordage qui lâche ?

– Je ne sais pas.

– Il y a trop de tension dans les cordages. On ne peut pas jouer avec ça. C'est un coup à perdre un doigt ou à tomber à l'eau. Autant l'équipage, tel qu'il est actuellement, ça peut peut-être le faire, autant avec un aveugle, c'est de la folie.

Bringuebalé dans ma bannette, tentant de trouver le sommeil en vain, je lui donne raison quinze jours plus tard, lors de deux jours de navigation. C'est vrai, c'est une erreur. Un aveugle n'a pas sa place sur un bateau de course. J'ai peur pour Olivier. Même si j'ai passé des heures dans la brise à lui expliquer le maniement des winchs, il n'y arrive pas. Le problème, c'est que ce sont ses doigts qui lui permettent de voir. Il leur fait parcourir la moindre parcelle du bateau pour la photographier mentalement. Or, en mer, avec la tension des cordages, il risque de se les faire couper net. Alors je vais progressivement lui apprendre où poser ses mains, comment utiliser les paumes plutôt que les doigts, rappeler comment s'éloigner des winchs qui peuvent tourner très vite, surtout lorsque l'on choque les voiles. Olivier est sérieux, il écoute, enregistre, digère et s'adapte. Il ne connaîtra guère de faux pas.

La deuxième nuit, le vent souffle en tempête et la grêle s'abat sur nous dans des grains à plus de cent kilomètres heure. Je suis le seul à avoir déjà connu ce genre de conditions. Emmitouflés dans nos cirés, nous luttons pour ne pas perdre de vue le compas situé deux mètres devant nous. Nous finissons cette navigation musclée à toute vitesse sous voile d'avant seule. Tout l'équipage est malade de peur sauf Justine et Olivier. Notre jeune recrue est vaillante jusqu'au bout.

Secoués, mais sains et saufs, nous nous amarrons à La Rochelle au bassin des grands yachts.

Un journaliste nous attend sur le quai et je lui fais les honneurs du bateau. Après le pont et le cockpit, je lui explique les aménagements de la cuisine et des bancs qui courent sur toute la longueur pour se déplacer sur les fesses.

– Pardon ! s'excuse Olivier derrière nous.

Il doit récupérer quelque chose dans sa bannette. Nous nous adossons à la cloison pour le laisser passer.

Il plonge la main dans une pochette sur son lit, en ressort une brosse à dents et un dentifrice, puis repart en nous remerciant.

– Il est magnifique, ce bateau, commente le journaliste local. L'ergonomie est super intéressante. Mais où sont les équipiers handicapés ?

– Ben, tu vois, Olivier, qui vient de passer, est aveugle, par exemple.

– Mais non, ce n'est pas possible !

Je ne sais pas si toutes les personnes handicapées peuvent être équipier sur ce genre de bateau. Mais Olivier s'avère être un gars hors norme.

Lors de la réunion de débriefing, en effet, il obtient l'unanimité de l'équipe. Tous l'apprécient, y compris Nicolas qui a eu l'occasion d'échanger avec Laurent. Nous sommes à nouveau un équipage complet à parité. Avec le printemps les sourires apparaissent enfin à bord de *Jolokia*.

En août 2010, quinze jours avant le départ de La Rochelle, Antoine, notre médecin, me transfère le SMS laconique que vient de lui envoyer Grégory : « J'arrête mon traitement antibiotique contre les infections urinaires. » Pas un mot de plus. Il ne nous avise pas qu'il ne fera donc pas partie de l'équipage. Non. Il arrête son traitement et nous devons l'accepter sans broncher. Antoine a pourtant été clair durant notre préparation. Comme Grégory souffre d'infections à répétition, la seule solution pour l'embarquer est un traitement antibiotique costaud : il est hors de question qu'il soit malade au large. Une infection loin d'un port peut être fatale. Greg s'est plié à cette condition, mais cela n'a pas été facile pour lui, car le traitement diminue ses défenses immunitaires. C'est un sacrifice qu'il doit accepter pour accomplir son objectif. Une vraie décision d'adulte. Mais voilà qu'il envoie balader tout ce travail de confiance mutuelle à une poignée de jours du départ. La confiance, c'est la seule chose que nous exigeons à bord. Au cœur de la tempête, je me fiche si je confie la barre à une femme, un homme, un vieux, un jeune, une personne valide ou handicapée. Ce que je veux, c'est que cette personne donne tout ce qu'elle a. Greg nous laisse tomber. Je me sens trahi.

Nous sommes tous fatigués de ce dialogue de sourds. Grégory est un garçon sympathique et volontaire mais il souhaite que l'équipe l'accepte sans réserve même si cela nuit au groupe. Je lui annonce par Skype qu'il peut venir chercher son sac. Lui aussi est en colère.

Je m'en ouvre à Olivier, avec qui je noue une nouvelle amitié.

– Tu tomberas toujours sur des personnes handicapées qui revendiquent violemment leur différence, Éric. C'est comme ça.

– Mais c'est impossible de construire un projet commun avec elles. Personne n'a besoin de victimes !

– Quand j'ai perdu la vue, j'en ai d'abord voulu à la terre entière et puis je me suis repris pour construire ma vie. Je n'avais pas envie de finir seul. J'ai beaucoup travaillé et j'ai compris qu'une femme ne recherche pas un handicapé pour fonder une famille, mais un homme.

À trois semaines du départ, nous ne pouvons évidemment pas remplacer Grégory. Pour respecter l'esprit de parité qui fait tout l'intérêt du Défi Intégration, je décide de mettre en place deux quarts avec chacun un équipier valide et un équipier handicapé. De mon côté, je serai skipper hors quart.

Je teste les combinaisons possibles lors des ultimes entraînements. Je ne veux plus revoir le couple Nicolas et David en équipe. Les deux personnalités s'allient pour le pire. Leur humour bruyant est trop souvent humiliant pour le reste de l'équipage. Voilà un véritable écueil qui peut saborder l'ambiance du bord en quelques jours, la fatigue aidant. Déjà qu'elle n'est pas bonne à la base, qu'est-ce que ça sera au large, quand notre univers commun sera limité à huit mètres carrés ? Plutôt que d'en débattre, j'impose mon choix lors de notre dernier briefing à terre.

– Les amis, voilà la composition des quarts pour le record. Justine sera avec David et Olivier avec Nicolas. Je serai hors quart, c'est-à-dire nulle part et partout si besoin. Chloé – mon ex-femme, qui nous a rejoints pour faire des images de la traversée – sera vidéaste hors quart également.

– Chef, oui, chef ! lance David.

Je sais depuis le début qu'il a envie de continuer à faire équipe avec Nicolas, mais l'attaque frontale devant tout le monde m'assomme.

– Qu'est-ce que ça veut dire, David ?

– C'est bien, tu as pris ta petite décision, donc je te dis « Chef, oui, chef ! ».

– On peut en parler ensemble après la réunion ?

– Si tu veux, répond-il en haussant les épaules.

Nous nous retrouvons à l'écart et je lui demande pourquoi cette violence.

– Tu es nul avec l'humain.

– J'essaie de faire de mon mieux pour que ça marche.

– Oui, mais t'es nul, c'est tout.

Je n'obtiendrai rien de plus. Merci pour ton aide, David.

Je ne comprends pas son agressivité envers moi. David met un point d'honneur à toujours prouver que c'est lui le meilleur. De dix ans mon aîné, il ne doit sûrement pas apprécier que je sois le skipper. Comme s'il entendait toujours démontrer que si les autres sont réellement handicapés, lui ne l'est pas. Convaincu sans doute qu'il peut tout faire mieux et plus rapidement que les autres.

Ou alors c'est ma gueule qui ne lui revient pas.

Mais il a raison, après tout. Je suis nul en habit de chef. Rien de ce que j'essaie de mettre en place ne fonctionne. Plus je veux les embarquer dans une démarche de responsabilité partagée, plus ils se ferment. Ils ne prennent aucune initiative et passent leur temps à critiquer. Même la parfaite Justine fatigue et s'implique de moins en moins.

Trois jours avant le départ, Nicolas lâche en mastiquant son dessert :

– Si j'avais été le patron de cette aventure, je peux te dire que je n'aurais jamais managé cette affaire comme cela.

– Et qu'est-ce que tu aurais fait ? lui rétorqué-je, meurtri.

– Je n'aurais jamais fait ces choix. Je nous aurais laissés plus de temps. J'aurais laissé Laurent revenir...

– Mais tu n'as jamais été là pour prendre ce genre de décision. Tu n'as jamais regardé un budget. Tu es toujours crevé et toujours en retard. Tu te comportes comme un consommateur depuis le début.

– J'ai un boulot qui me prend beaucoup de temps et d'énergie mais je me suis investi avec tout ce que je pouvais.

– Tu ne vois pas que le gros du travail est effectué dans l'ombre quand tu n'es pas là.

– Oui, mais ce sont toujours des mauvais choix. J'en ai beaucoup parlé avec les autres et tout le monde est d'accord avec moi.

J'en reste sans voix. Je n'ai plus de forces. Marc, Pierre et Olivier sont estomaqués. Ils me réconfortent, ils n'acceptent pas qu'il dise une chose pareille. Passé la violence du coup, je me sens soulagé. Peut-être est-ce parce que je vois enfin la vérité telle qu'elle est. Nicolas veut être skipper depuis le début. Il pense qu'il est bien plus doué que moi pour ce rôle. Ces trois années de préparation me sautent à présent au visage. J'ai passé mon temps à tisser une équipe et, dès que j'avais le dos tourné, Nicolas détricotait consciencieusement le travail sur le métier. Je percevais des signaux de cette rivalité sans être capable de les lire. J'étais si angoissé par l'invalidité de mes équipiers et si préoccupé par ma légitimité en tant que capitaine que je n'ai pas vu que le clone que j'avais choisi pour me rassurer était en fait mon pire adversaire.

Comme un idiot, je suis resté focalisé sur notre ressemblance visible, quand l'important, et je commence à m'en rendre compte, demeure la ressemblance invisible, celle toujours bien cachée et qu'il faut savoir débusquer. D'où provient-elle, cette similitude d'attitude, de caractère, que l'on peine souvent à détecter ? D'une éducation similaire, du même respect des paroles et des gestes de l'autre, d'un engagement mutualisé, d'un sentiment de collaboration qu'on épouse sans avoir besoin de mots... Autant de fragments sensibles et discrets qui ne se négocient pas, qui ne se ressentent pas forcément dans l'immédiateté, mais qui nous cimentent malgré nous.

Il n'est pas question de se séparer de Nicolas alors que nous partons demain. L'aventure déjà bringuebalante imploserait. Maintenant que je vois le problème, je peux le résoudre. Je décide donc de donner plus de responsabilité à Nicolas, plus de place pour qu'il puisse briller et avoir l'impression d'être au centre. Il animera donc le point hebdomadaire que nous ferons ensemble le dimanche à bord. Je décide aussi de mettre plus en valeur le rôle clé qui lui incombe. Il va être le guide d'Olivier à la barre et à la manœuvre, son traducteur de l'invisible. Lui seul à bord a la patience, la capacité intellectuelle et l'intérêt pour le faire. J'ai essayé et je dois avouer que j'en suis incapable sur le long terme. Nous allons avancer ensemble plutôt que l'un contre l'autre, c'est à moi de lâcher.

La météo est mauvaise le jour du départ, il faut repousser notre tentative de trois jours. L'océan m'offre un répit pour me requinquer avant nos retrouvailles. Cela fait des nuits que je ne dors plus, miné par les soucis humains de notre groupe et de mon couple. La fatigue descend d'un cran et la colère aussi. En mer je serai sur mon territoire.

Les ressemblances invisibles

Nous sommes partis. Au large du Portugal, nous crochons un alizé fort qui nous propulse plein sud. L'ambiance à bord est bonne et studieuse. L'océan occupe le corps et l'esprit et donne de l'espace à l'âme. Un bateau en mer ressemble à une station orbitale. Dès qu'il navigue sur son élément, l'équipage habite les trois dimensions, largeur, longueur et hauteur. On vit à deux pendant les quarts. On croise l'autre équipe seulement à la relève. Fatigué, on trouve dans sa bannette une solitude bienvenue même si quelqu'un vit à quelques centimètres de là. Au port, je suffoque, tandis qu'en mer je respire.

Des liens forts se créent doucement au sein de chaque quart. Je suis témoin de nouvelles solidarités. Quand un conflit demande à être traité lors de nos réunions dominicales, nous réussissons à communiquer. Enfin.

Il me faut quelques jours pour me laver définitivement de ces deux années si dures et retrouver la beauté de l'océan. Il m'a manqué.

Jolokia porte son grand spinnaker rouge superbement gonflé dans un ciel bleu parsemé de petits nuages. Le bateau ricoche sur les vagues en vibrant de toutes parts. Le gréement encaisse les accélérations en craquant lugubrement. Dehors, dans les hurlements du vent entre les haubans, Nicolas et Olivier affrontent les embruns emmitouflés dans leurs cirés. Autour de leurs yeux creusés par le manque de sommeil, la peau est rouge. Sur le siège de barre, Olivier pilote, le corps légèrement tendu en arrière comme pour prolonger le planning de la carène. Nicolas égraine les degrés du compas.

– 190, 192, 195, 200, redresse, redresse.

Impassible, Olivier modifie légèrement l'angle de barre.

– 180, 185, 180. Tu vois, dès que t'es trop abattu, le bateau tape sur bâbord.

– Oui.

– Et si tu remontes trop, il commence à gîter.

– OK.

Soudain une détonation retentit en tête de mât et Nicolas hurle.

– Merde ! Le spi est dans l'eau ! Le spi est dans l'eau !

Je m'extrais de la table à carte et je bondis sur le pont. L'immense toile rouge du spinnaker s'enfonce lentement dans la mer. Déjà une bonne moitié a coulé et le bateau prend de la bande. Je plonge la tête dans la descente et j'appelle à la rescousse.

– Tout le monde sur le pont, le spi est dans l'eau !

Le bateau gîte maintenant dangereusement. Olivier et Nicolas s'agrippent. Justine et David, en sous-vêtements, se ruent hors du carré et me rejoignent sur le pont. Il n'y a pas une seconde à perdre. Nous devons récupérer la voile avant qu'elle ne chalute complètement. Nicolas choque l'amure et la drisse et nous tirons le spinnaker par l'écoute.

Justine lance un cri de douleur :

– Ah, stop, stop !

Sa jambe est coincée entre le cordage tendu comme une corde à piano et la filière. Le pied sur le chandelier, je tire de toutes mes forces sur le bout comme pour relâcher de la pression. Justine hurle, elle a les larmes aux yeux. Elle finit par se libérer.

– Ça va, Ju ?

Je la prends par l'épaule. Choquée, elle pleure, mais sa jambe ne porte pas de marque. Justine reprend ses esprits.

– Oui, c'est bon. Ça va le faire.

– OK. Allez, il faut tirer ! Tout le monde !

Centimètre par centimètre, à grands coups d'adrénaline partagée, nous hissons les deux cent cinquante mètres carrés de toile mouillée sur le pont. Le bateau se redresse petit à petit et Nicolas, allongé et le corps déployé de toute sa longueur, tente d'empêcher la toile légère de s'envoler. Nous le rejoignons et beuglons en chœur quand une vague nous submerge.

Lorsque le bateau retrouve son assiette horizontale, nous fourrons à grande volée la toile détrempée dans son sac. Au bout de la drisse, les restes de la poulie désintégrée arrivent dans mes mains.

– C'est elle qui nous a lâchés. Pourquoi ?

À bout de forces, nous reprenons notre souffle. Je me relève quand une deuxième vague s'abat lourdement sur le pont. David retient Nicolas par la botte. Justine s'agrippe au mât. Ni elle ni David ne sont attachés.

– Il ne faut pas rester là.

Nous nous mettons à l'abri dans le cockpit, mais ce n'est pas terminé.

– Allez, on range le spi et on déroule le génois ! On changera la poulie quand ça sera plus calme.

La voile blanche se déroule sans effort, la voile d'avant est hissée et le bateau reprend sa route.

Le gros sac à voile passe de main en main et disparaît à l'intérieur avec Justine et David. À la barre, je laisse le temps à Olivier et Nicolas de reprendre leurs esprits. *Jolokia* accélère toujours. Olivier s'assoit lourdement à côté de moi quand son coéquipier descend à la cuisine chercher de quoi s'alimenter. Il est livide.

– Éric, tu peux me remplacer pour le prochain quart ?

– Bien sûr, pourquoi ?

– Je dois prendre un médicament qui va me faire dormir. Mais t'inquiète pas, je serai là après.

– Mais c'est quoi ce médoc ?

– C'est pour le ventre. J'ai le bide en vrac. Faut juste que je dorme six heures et après ça sera nickel. T'inquiète.

– Je ne m'inquiète pas, Olive, mais j'aimerais comprendre. Pourquoi tu as mal au bide ?

Il prend une grande inspiration. Le bateau part dans un grand surf. Ce n'est pas si mal d'avoir réduit la voilure finalement.

– Quand le bateau a commencé à pencher, j'étais sûr qu'on allait couler. J'ai eu la frousse, putain ! Je me voyais déjà en train de barboter dans la flotte tout seul.

Olivier a cru qu'il allait mourir seul dans le noir. Je n'en crois pas mes oreilles. Mais c'est tellement évident : pris dans la panique, personne n'a pensé une minute à le rassurer. Personne ne lui a dit que c'était juste une voile dans l'eau et qu'on ne risquait rien. Je suis pris de vertige en m'imaginant la scène dans le noir. Il a dû vivre un film d'horreur : l'angle de gîte, les hurlements de Justine, les contre-ordres paniqués, les voix qui déraillent et partent dans les aigus, les vagues qui s'abattent, le silence de mort du bateau stoppé dans sa course... Sans doute a-t-il dû appeler à l'aide ou poser des questions mais nous étions tous accaparés par l'urgence de la manœuvre. Dans un naufrage, chacun sauve sa peau coûte que coûte, il le sait. Il a dû se voir partir dans l'eau sans espoir d'une main secourable avant de se noyer. Combien de moments comme cela a-t-il déjà vécu avec nous ?

– Faut pas s'inquiéter, ça m'est déjà arrivé. J'ai seulement besoin de prendre ce truc et de dormir, glisse-t-il avec son accent chantant du Sud-Ouest.

Olivier a ressenti mon désarroi et c'est lui qui m'apaise.

– Ah bon, une trouille comme ça ?

– Oui, la dernière fois c'était à Paris. Une voiture est passée à fond sur un passage piéton en arrachant ma canne. J'ai bien flippé, tu peux me croire.

Je lui prends l'épaule.

– Va prendre ton cachet, mon Olive, et repose-toi. Je prends ton quart.

Nicolas revient et, étonné, croise Olivier qui part se coucher. Je lui fais signe que c'est OK et je lui explique la situation. Nicolas non plus n'en croit pas ses oreilles.

– On n'a jamais pensé à lui dire que ce n'était pas grave.

– Le truc avec Olivier, c'est qu'on oublie tout le temps qu'il est aveugle.

Olivier est bluffant, c'est la vérité. Il est, je crois, le plus fiable de mes équipiers. Je pourrais demain faire le tour du monde seul avec lui sans aucun vrai problème. Personne à bord ne se connaît aussi bien, personne n'est aussi fort. Loin de jouer les gros bras, il affronte sa peur avec courage et ne fait aucun mystère de sa fragilité. La connaissance de sa faiblesse le rend fort. C'est le partenaire parfait.

Six heures plus tard, il reprend son quart comme si de rien n'était.

Au bout de trois semaines, quand nous doublons le cap de Bonne-Espérance, Olivier est devenu le barreur le plus rapide du bord. On s'en est rendu compte progressivement en étudiant les pointages journaliers du nombre de milles parcourus. Je prends bien soin de les afficher dans la descente à côté de la cuisine pour que les deux quarts se comparent et se motivent. Mille après mille, dans les calmes du Pot-au-Noir, dans les tempêtes de l'hémisphère sud et sous les premiers vols d'albatros, Nicolas et Olivier n'ont pas cessé de se parler. Encore aujourd'hui, à la longitude de ce cap mythique, Nicolas traduit en mots tout ce qu'il voit et ressent. Olivier l'écoute.

Quelques jours avant le départ, nous avions organisé à Lorient un petit pot pour nos familles, nos amis et les nombreuses personnes qui nous aident. Je revois Olivier s'approcher précautionneusement d'Isabelle Autissier, un verre de vin à la main.

– Salut, Olivier ! Tu trinques ?

– Avec plaisir !

– Alors, comment tu le sens ?

– En fait, j'aimerais bien que tu me donnes des conseils pour mieux barrer. Je n'arrête pas de faire des sorties de route et, résultat, je casse pas mal de matériel et l'équipe tire la gueule car je les empêche de dormir.

– Tu vas très bien t'en sortir, a répondu Isabelle, le nez dans son verre. T'es aveugle, pas borgne des fesses !

Nous avons ri tous les trois mais quand Isabelle s'est éloigné pour saluer Marc Pinta, Olivier s'est rapproché de moi.

– Borgne des fesses ? Ça veut dire quoi ? C'est un truc de marin ?

– Aucune idée. Ça ne fait pas vraiment partie de mon champ lexical.

Aujourd'hui, je comprends ce qu'a voulu dire Isabelle. Les plus grands skippers de la planète n'utilisent pas leurs yeux pour bien barrer. Non, c'est de leurs fesses qu'ils se servent. Comme un pilote de Formule 1, ils se connectent aux mouvements du bateau par l'intermédiaire de leur bassin et réagissent au dixième de seconde. S'ils attendent que le mouvement de la vague sur la coque se répercute sur les cadrans de contrôle, ils perdent un temps de réaction très précieux. Leurs yeux ne sont là que pour les rassurer sur leurs choix. D'une certaine façon, pour parvenir à ce degré de performance, la vue peut être considérée comme un handicap. Nous autres bien voyants, notre vue nous tranquillise et nous empêche de nous abandonner à la seule lecture de nos sensations. Privé de ses yeux, Olivier n'a pas d'autre choix que de devenir un excellent barreur. Pour que cette magie s'accomplisse, il faut un équipage qui n'ait pas peur de lui confier la barre et qui accepte de l'accompagner pendant la phase d'apprentissage, même si elle est plus longue, plus frustrante et plus difficile que pour un voyant. Ironiquement, notre maillon faible est devenu le garant de notre performance collective. Notre réussite est le fruit de nos différences. Différents dans nos approches, dans notre vécu, dans nos caractères, mais ensemble pour parvenir au but fixé.

Le cap de Bonne-Espérance commence à s'effacer derrière nous. Je sors de sa cachette la bouteille de champagne prévue pour ce moment fort. Nous trinquons à *Jolokia*, à l'océan qui nous a laissés passer et à notre équipage qui n'épargne pas sa peine. Soulevant sa brique de deux litres cinq de jus d'orange, David est incapable de porter un toast. Une larme perle dans ses yeux bleu acier devenus doux le temps d'un instant et l'émotion me réchauffe instantanément le cœur. L'étrave désormais tournée vers l'île Maurice, *Jolokia* frôle les quarantièmes rugissants sans les toucher et remet du nord dans sa route. Dans quelques jours, nous serons à l'île Maurice.

Intermezzo #4

*Novembre 2019, îles Marquises, à bord d'*Ahoy.

Deux jours avant de quitter sa baie et notre première conversation sur le sable, je demande à Steeven :

– As-tu besoin de quelque chose ?

Le grand Marquisien hésite et redevient grave.

– De l'essence… Ce n'est pas pour moi mais pour un voisin. J'ai promis d'entretenir son jardin.

– OK. Je te ramènerai un bidon à mon prochain passage.

Je m'apprête à partir quand il m'arrête.

– Attends ! J'ai un cadeau pour l'équipage. C'est pour vous rappeler qu'il faut réaliser ses rêves maintenant, pas demain.

– Que dirais-tu de le leur donner toi-même ?

Il me sourit comme si je lui proposais un défi fou. Comme il continue d'hésiter, je l'invite à venir boire un café à bord. Il tend à Lucas et Marie un magnifique coquillage brun incrusté de nacre et un bouquet de basilic. Je ne sais pas pourquoi cet homme m'émeut autant. C'est sans doute parce que je le sens à fleur de peau.

J'ai beaucoup de mal à échanger avec lui. Je dois lui proposer cinq fois d'embarquer pour qu'il accepte enfin de rejoindre le pont. De la même façon, il ignore mes invitations à venir à l'ombre du bimini et reste assis sur le pavois, sous la morsure du soleil. Nous nous retrouvons tous les quatre suant à grosses gouttes. Il se livre sans honte au rythme élevé de ses cigarettes roulées. Longtemps, il est allé vers les plaisanciers et n'a récolté que l'irrespect des touristes et la jalousie de ses voisins. Il fuit désormais le genre humain. C'est en vivant dans la nature, comme ses ancêtres, qu'il trouve sa plénitude. Je sonne la fin de la discussion car nous devons lever l'ancre. Notre Marquisien s'éloigne en pagayant vivement.

Il est seul, mais qui ne l'est pas ? Ne serait-il pas simplement le reflet de moi-même, que je commence à distinguer dans le miroir qu'il me tend ?

Tout ça pour ça

Soixante-huit jours après avoir largué les amarres à Lorient, nous atterrissons à Port-Louis. La frégate *Nivôse* de la Marine nationale nous accueille solennellement par un long coup de corne de brume. Derrière mes larges lunettes de soleil, je pleure. C'est fini. Nous l'avons fait. J'ai tenu jusqu'au bout. Nos familles peu à peu apparaissent sur le quai d'honneur bondé, au milieu des danseuses traditionnelles. Les petits dériveurs de l'école de voile naviguent tout autour de nous et les lances à incendie du bateau-pompe nous saluent en crachant leur eau dans le ciel. Comme après chaque session d'entraînement à La Rochelle, à peine le bateau amarré, tout l'équipage s'éparpille sans se retourner ni prendre le temps de se remercier et de féliciter le bateau. Je sais que le sac de couchage et le ciré oubliés dans la précipitation resteront là. Personne ne viendra les chercher. Personne, à part moi, ne reviendra converser avec notre fier *Jolokia*. Je patiente encore un peu à bord. Il faut pourtant que je descende pour suivre le groupe vers le déjeuner qui a été organisé en notre honneur. Quand je pose un pied à terre, je pousse un soupir de soulagement. Il ne nous est rien arrivé. J'ai rempli ma mission de capitaine. Soixante-huit jours de mer. Pas de blessé. Le bateau est à bon port. Oui, j'ai tenu. Mais plus jamais ! Plus jamais ! Je me suis fait mal, beaucoup trop mal. Jamais je ne remonterai d'équipage, je veux désormais naviguer seul.

Le lendemain d'une fête sans joie, je retourne au port. Amarré au quai d'honneur, mon courageux navire trône toujours, semblable à des ruines encore fumantes, un tapis de fleurs et de cotillons recouvre tristement le pont. C'est tout ce qu'il reste de notre vie en mer. L'évidence est cruelle. Il n'y a jamais eu de véritable équipe à bord mais seulement des individualités qui ont fait un effort pour vivre leur aventure personnelle. Notre groupe n'avait pas d'armature solide pour résister au passage de la ligne d'arrivée. Après trois ans de travail, de souffrance, il ne me reste pas grand-chose à part un trophée, un livre et un DVD qui prendront vite la poussière dans une bibliothèque.

Un autre bateau arrive, le quai d'honneur doit être rendu disponible. Marc, Pierre et moi déplaçons *Jolokia* un peu plus loin. Je rentre abattu à l'hôtel. À l'heure de la plage, le hall est désert. Invité avec ma mère et tous ceux qui avaient activement participé au projet, je retrouve mon père assis au bar en train d'écrire. Je tire le tabouret à côté de lui et je commande deux cocktails. Il approuve en silence. Derrière son grand verre orange coiffé du réglementaire parasol en papier, il demande :

– Comment ça va ?

– Ça va.

Nous partageons les banalités habituelles que nos pudeurs respectives ont automatisées toutes ces années puis, soudain, il s'éloigne du script.

– Tu sais, Éric, j'ai été très touché par cette aventure.

Ses yeux sont humides, et aussitôt les miens se mettent à briller.

– Je m'en doute un peu, oui.

– Avec mon bégaiement, je me sens exactement comme Olivier ou David. Je suis handicapé.

Je lui effleure le bras et nous pleurons tous les deux. Je prie pour qu'il ne s'arrête pas.

– Leur colère, je la connais, c'est la mienne. Avec ton aventure, tu m'as donné envie d'en parler.

– Ça me fait vraiment plaisir d'entendre ça.

– Mais je ne peux pas m'offrir le luxe de m'appesantir sur mon sort.

J'aimerais lui dire qu'au contraire, cela le rendrait plus facile à aimer, mais je ne peux que demander pourquoi.

– Je dois me battre pour vivre avec ça, tu comprends ? Si je commence à me plaindre, je meurs.

Il se ressaisit. Il pose une main tendre sur mon épaule.

– Ta mère m'attend dans la chambre.

L'armure se referme. Sans prendre la peine de feindre un mouvement vers les ascenseurs, il sort de l'hôtel et se dirige sur le parking pour allumer une cigarette. Je contemple mon verre vide et la vérité nue m'apparaît : j'ai créé cette aventure pour venger mon père des humiliations qu'il a reçues enfant. C'est pour lui et pour lui seul que je me suis accroché coûte que coûte. Ma mère nous racontait parfois les brimades, les « Abrège, on a compris ! » qu'il encaissait pire que des coups de la part de sa propre famille. Petit garçon, ça m'a brisé le cœur de savoir mon père humilié à cause de son bégaiement. C'est pour cela que je porte en moi cette détestation des cases dans lesquelles on enferme les gens différents. Ce n'est pas parce qu'on bégaie qu'on est moins intelligent, tout comme ce n'est pas parce qu'on est en fauteuil ou aveugle qu'on est faible. Ce n'est pas parce qu'on paraît différent qu'on l'est.

Si mon cœur a été le moteur principal de mon engagement, il m'a aussi dupé avec ses bons sentiments idiots. J'ai recruté trois sportifs handicapés et trois sportifs valides ; c'était stupide. J'aurais d'abord dû trouver six marins avec la même motivation, le même sens de l'engagement et du sacrifice, le même désir de collaborer, le même sens du respect et de la bienveillance.

C'était désormais clair à mes yeux : notre plus gros handicap n'était pas le handicap lui-même, mais plutôt nos ego et nos peurs.

La réalité implacable de l'océan a fait voler en éclats ma bien-pensance. Sur la mer, nul ne triche. Impossible d'implorer la clémence pour soutenir de belles idées applaudies par la société. L'océan se moque de mes idéaux. Ce qu'il réclame ne varie jamais. Il faut faire le travail.

Je me suis aussi lourdement trompé sur moi-même. En cherchant à correspondre à l'image que je me faisais du skipper parfait, je suis passé à côté de moi-même. Il aurait fallu que je me connaisse intimement pour inventer ma propre version de ce que doit être un chef. Je ne me sentais pas légitime alors qu'en réalité, je l'étais. Si j'avais eu davantage confiance en moi, j'aurais pu faire confiance aux autres.

*

Le 15 novembre 2011, un an jour pour jour après avoir amarré *Jolokia* sur le quai de Port-Louis, je décide de monter une nouvelle aventure collective. Je ne peux pas rester sur un échec. Il faut que je vérifie qu'il est réellement possible de recruter et de faire marcher un équipage de course au large avec des personnes en apparence différentes, mais qui se ressemblent intimement. Une nouvelle intuition à éprouver sur l'océan. À bord, il y aura tous les types de différences : physiques, bien sûr, mais aussi générationnelles, sociales, d'origine ou de genre.

Nous montons le projet avec Pierre Meisel, qui s'était déjà investi corps et âme dans le Défi Intégration en tant que coach, mais aussi préparateur et logisticien. Marc Pinta est évidemment le responsable technique du bateau et Olivier le tout premier équipier. C'est une base solide en qui j'ai toute confiance. Nous sommes très éloignés les uns des autres, mais nous partageons les mêmes fondamentaux.

Je laisse définitivement tomber le nom Défi Intégration que je n'ai jamais aimé pour nous appeler Team Jolokia. Mais là encore, il nous faut un nouveau voilier.

J'avais à peine eu le temps de dire au revoir à notre cher bateau qu'il était vendu. Ces adieux accélérés nous ont donné l'apport nécessaire pour acquérir une nouvelle monture plus rapide et plus ambitieuse. Pour ce type d'aventure, un navire, c'est comme une cathédrale, un temple ou une mosquée. Il faut qu'il soit sublime pour créer l'envie. Les bateaux qui courent le Vendée Globe, qui font partie de la classe dite des Imoca, m'attirent depuis longtemps. Pourquoi ne pas trouver un navire de ce type, qui me permettrait dans un premier temps d'accueillir notre nouvel équipage et d'assouvir mon attirance récente pour la navigation en solitaire dans un second ? Après le Défi Intégration, mon allergie aux sports collectifs était réelle et j'ai commencé à envisager une pratique plus sobre de la navigation, que je ferais en solitaire, pour me concentrer uniquement sur la mer, mon bateau et moi. Ce rêve était ce qui me permettait de sourire dans les moments douloureux. Ce qui relevait du miracle à l'époque.

À Concarneau, Roland Jourdain vendait son soixante pieds avec lequel il avait couru le Vendée

Globe 2004. Je l'ai appelé, il a adhéré tout de suite à l'idée de cet équipage de course au large composé de femmes et d'hommes que tout sépare.

– Tu penses que ton bateau peut faire l'affaire ?

– Je ne crois pas non.

– Ah bon ? Pourquoi ?

– C'est très difficile de trouver un bateau qui puisse convenir à la fois au solitaire et à l'équipage. Un Imoca est conçu pour naviguer en double ou en solo. Pas plus parce que sinon, on se marche vite dessus. Vous seriez combien ?

– Une petite dizaine.

– Alors là, oublie tout de suite !

– Les bateaux pas chers pour faire de l'équipage en ce moment, ce sont les anciens Volvo Ocean Race. Tu les connais ?

– Oui. C'est des bons bateaux solides pour ce que tu veux faire. Par contre, il faudra que tu changes de monture pour le Vendée Globe, a-t-il conclu en riant.

Dans le bureau de Marc Pinta, nous faisons le point. Quand je lui confie ma double aspiration, sa réaction est lapidaire.

– Le solo, c'est nul et égoïste. Il n'y a que l'équipage qui a du sens.

J'opine sans moufter. C'est vrai, pas question d'être égoïste. J'ai toujours considéré qu'il ne faut pas pousser de l'eau pour rien. Ce sera donc un Volvo Ocean Race pour de la navigation en équipage, point barre. J'enterre ma chimère absurde. Mon rêve de tour du monde se fera en équipage, avec une vraie cause. Le large, des semaines et des semaines sans voir la terre, voilà véritablement ce à quoi j'aspire. Il n'existe pas de record de tour du monde en équipage et en monocoque. C'est un nouveau défi pour une belle équipe qui s'entend bien. Nous convenons de commencer par des courses près des côtes. Nous participerons au Record SNSM, à l'ArMen Race, à la Fastnet Race, à la Cowes Week et, dans trois ans si tout se passe comme prévu, à la Transat Québec-Saint-Malo. Pour l'instant donc, je mets mon rêve de tour du monde en solitaire à fond de cale, aux oubliettes.

Nous achetons l'ancien *Djuice Dragons*, qui a couru la Volvo Ocean Race en 2001 avec son skipper Knut Frostad et Jean-Yves Bernot, le grand navigateur et météorologue français. C'est avec lui que Marc, Pierre et moi partons visiter l'immense bateau de course amarré à Southampton, en Angleterre.

– J'ai l'impression que je vais retrouver mes crayons à bord tellement il est nickel, me confie

Jean-Yves, tout excité de replonger de la sorte dans ses souvenirs salés.

– C'est vrai que le bateau est dans un état magnifique.

– Rien à voir avcc les bouses qu'on a visitées avant, renchérit Marc. C'est celui-là qu'il nous faut.

La négociation se révèle plutôt aisée, puisque nous sommes les seuls acheteurs. Qui voudrait d'un bateau dépassé techniquement mais toujours aussi complexe et onéreux à entretenir ? Il n'y a que des rêveurs un peu timbrés comme nous. Quelques mois plus tard, l'affaire conclue, nous pouvons convoyer le bateau vers La Rochelle. Quand je monte à bord, je constate qu'il a été vidé de tout son matériel. Même chose pour le conteneur technique de quarante pieds déposé sur le quai à quelques mètres de là. Les Anglais ont raflé tout ce qui n'était pas explicitement dans le listing de l'annonce. Je crois que j'ai un peu trop négocié, ou peut-être ai-je plutôt été très naïf. C'est à peine si nous avons le matériel nécessaire pour naviguer jusqu'en France.

Pour cette première navigation, j'ai l'intention d'y aller doucement, car ce bateau m'impressionne avec ses vingt mètres de coque et ses trente mètres de mât. Mais Marc insiste pour porter tout de suite le spinnaker, alors je cède.

Le vent monte et souffle avec force sur les côtes françaises. Le bateau fonce déjà à plus de vingt nœuds sur la surface grise de la Manche.

– Monster Project ! Monster Project ! crache la radio du bord (c'était le nom du bateau avant que nous le rebaptisions.) Ici la Hague. Vous entrez dans une zone interdite. Modifiez tout de suite votre route.

Nous nous dirigeons en effet droit sur la terre et l'usine de traitement des déchets nucléaires. Il faut empanner de toute urgence. La nuit est d'encre et la mer furieuse. Marc prend la barre.

– On empanne !

– Non ! crié-je pour couvrir les meuglements du vent. Nous ne sommes pas prêts !

Nous tâtonnons dans le noir pour atteindre les interrupteurs des colonnes de winch et comprendre comment ils fonctionnent. Pas un seul membre de l'équipage n'en a utilisé auparavant.

– Tant pis, pas le temps. On empanne ! hurle Marc.

Nous sommes vraiment limite, avec la bastaque qui retient l'espar sur la poupe. Le mât se tord sur l'avant. Marc, arc-bouté sur la grande barre à roue, maintient le VOR vent arrière comme un funambule sur les lames pour nous offrir quelques secondes de plus afin de finir la manœuvre. Enfin nous pouvons lofer et border le câble sur le bon bord. Il était temps.

– On a failli démâter, les gars ! gueule Marc.

Je suis furieux.

– On ne peut pas faire ce genre de manœuvres comme ça, Marc. On n'est pas comme toi. On débute. Vas-y mollo !

Dans le raz de Sein, la deuxième nuit, menés toujours tambour battant par Marc, nous manquons de percuter un bateau de pêche. Puis nous nous échouons dans la vase du port de La Rochelle à marée basse.

Épuisés par toutes ces péripéties, nous finissons par hisser le bateau hors de l'eau pour lui donner nos couleurs blanc et rouge. Nous le baptisons *Libertalia* d'après la fameuse communauté utopique établie par des pirates à Madagascar au tournant du XVIIIe siècle. C'est le nom que Gérard Janichon, marin, mentor et ami, avait donné au livre qu'il avait écrit sur le Défi Intégration. Je veux que notre navire redonne vie à ce rêve mythique d'une société à la fois égalitaire et rock'n'roll.

Je fais tout pour que Gérard nous accompagne encore sur cette nouvelle épopée. C'est en grande partie grâce à lui que j'ai réussi à m'exprimer.

Pour écrire le livre, il m'avait demandé de lui raconter tout ce que je vivais. J'avais donc noirci des centaines de pages dans les TGV qui m'emmenaient à Paris, à La Rochelle et dans le Var où je travaillais pour l'Institut océanographique Paul Ricard. Grâce à Gérard, j'avais compris que mon avis et ce que je ressentais avaient de la valeur.

Il faut dire aussi que mon père m'a élevé en me répétant l'impérieux proverbe arabe « si ce que tu as à dire n'est pas plus beau que le silence, alors tais-toi ».

Gérard est un fin observateur de la matière humaine. D'une grande douceur, il s'était improvisé psychologue au sein de notre équipage tourmenté. Nous lui devions tous énormément. Mais, alors que nous discutions par Skype, il a poliment refusé de resigner.

– L'aventure est trop fondée sur la compétition pour moi, Éric.

– La compétition est le cadre, le décor dans lequel on va surtout traiter de l'humain.

– Je sais, mais tout cela me paraît un peu trop froid. Je ne pense pas que tu vas y trouver ton compte.

– Pourquoi ?

– C'est une sorte de Défi Intégration en version 2.0, mais sans la nouveauté et le grain de folie. Tu t'oublies.

– Je suis désolé, Gérard, mais je comprends.

– On pourra toujours discuter tous les deux quand tu en auras besoin, ne t'en fais pas. Un jour, il faudra que tu acceptes de courir tout nu dans la forêt ! Il te faut faire ta rébellion, Bellion !

Gérard a été un des premiers à s'intéresser vraiment à moi et à m'écouter longuement sans vouloir projeter ses propres désirs sur ma volonté et ma capacité. Il savait bien que l'aventure dans laquelle je me lançais me ferait vivre des émotions inimaginables.

– Merci pour ton amitié.

– La tienne m'est précieuse.

– Pareil. Accepterais-tu quand même de rédiger l'annonce pour recruter des équipiers ? Nous voulons la diffuser absolument partout. Ça doit être le leitmotiv de Team Jolokia.

– Oui, avec plaisir.

– Top ! J'aimerais que tu t'inspires de la fameuse annonce de Shackleton. Tu sais, celle qu'il a passée dans les journaux pour recruter les hommes de l'*Endurance* en 1913.

Sans surprise, Gérard a écrit une merveille qui résumait en quelques lignes nos valeurs fondamentales :

« Recherche hommes et femmes pour voyage hasardeux. Pas de salaire. Vie spartiate, tâches d'équipage rudes ou impitoyables, implication et courtoisie exigées. Recrutement sévère non-ouvert à tous et à toutes, priorité aux borgne-fesse sociaux ou physiques. Pas de cour des miracles mais trop normal s'abstenir. Honneur et reconnaissance garantis en cas de succès. »

Ouvrir les yeux

Cent cinquante personnes se sont reconnues intimement dans la description de l'annonce et nous ont envoyé leur dossier d'inscription. Avec Pierre, nous sélectionnons les quarante candidats les plus sérieux. Il n'en restera que vingt à la fin du processus de recrutement.

Dans la cour du fort de Vincennes, où la Marine nationale nous met à disposition les salles de classe dédiées au recrutement des futurs militaires, j'ai déjà la conviction que nous avons tapé dans le mille. Lors des pauses, ces femmes et ces hommes qui viennent des quatre coins de la France forment un unique cercle de discussion dans la cour extérieure. On est loin des petits groupes qui se rassemblent habituellement par couleur de peau, genre, style vestimentaire ou tranche d'âge. Dans cette cour de caserne, il y a seulement des êtres humains qui ont un rêve en commun.

Les psychologues de la Marine nationale font passer à nos marins en devenir les mêmes entretiens et jeux de rôle que pour leurs propres recrues. Nous avons monté le partenariat quelques mois auparavant. La Royale sait repérer dans toutes les strates de la société française les individus qui s'intégreront facilement et seront capables de résister à un environnement anxiogène. Leur savoir-faire est la meilleure base avec laquelle s'attaquer à notre recrutement original. J'aime les marins de la République. Depuis *Kifouine* et une rencontre en Colombie avec l'amiral de Briançon sur la *Jeanne d'Arc*, la Marine nationale a participé à chacune de mes aventures. Ils nous ont accueillis sur leurs bases, formés au sauvetage et aidés techniquement. J'espère un jour pouvoir leur rendre tout ce qu'ils m'ont donné.

Après des tests de navigation en dériveur sur la Seine, une évaluation physique et des entretiens individuels, nous passons tous les candidats en revue dans le bureau de Melchior Martinez, le médecin chef de la Marine, rue de Laborde, à côté de la gare Saint-Lazare. Cela fait une bonne heure que nous travaillons autour de la table ronde jouxtant son grand bureau encombré de dossiers quand je sors la chemise en papier rose de Benoît. Comme c'est moi qui lui ai fait passer son entretien individuel, je commence la discussion sur son profil.

– Ce candidat-là, je ne me vois pas du tout bosser avec lui.

Melchior est étonné.

– Pourquoi ?

– Je le trouve très nerveux et agressif. Pendant l'entretien il a toujours été sur le qui-vive.

– Écoute, c'est moi qui l'ai eu en entretien psy. C'est vrai qu'il est tendu mais je trouve que c'est un excellent profil.

– Ah oui ?

– Oui. Sa participation à Team Jolokia s'inscrit dans une démarche adulte et cohérente. Il a déjà traversé l'Atlantique en bateau-stop dans des conditions humaines difficiles et il a su s'en tirer intelligemment.

Effectivement, Benoît m'a raconté qu'il était tombé sur deux mecs allumés sur un Gin Fizz. Au milieu de l'Atlantique, ils ont commencé à vouloir lui casser la gueule sans raison. Alors Benoît a passé les vingt et un jours de traversée avec une manivelle de winch dans la bannette pour pouvoir se défendre à tout moment. Melchior insiste.

– Je pense vraiment qu'il est fait pour votre aventure.

Nous sommes une petite dizaine autour de la table et tous les yeux sont braqués sur moi.

– C'est peut-être à moi de me remettre en question dans ce cas. Je dois le trouver louche parce qu'il est très éloigné de moi.

– Tu partages le goût de l'aventure et de l'engagement avec lui. On est au cœur du sujet, là !

– C'est vrai qu'il vient d'un quartier difficile et qu'il a dû apprendre à montrer les dents pour se faire respecter.

– Il a surtout bien conscience de sa différence. Ce qui n'est pas le cas de beaucoup d'entre eux, intervient Pierre.

Melchior opine. Pierre continue :

– Quand nous leur demandons en quoi ils sont différents, la plupart sont très déstabilisés.

C'est qu'on ne pose jamais cette question dans les recrutements, d'habitude. Généralement, on demande aux candidats en quoi ils correspondent à l'esprit de l'entreprise ou à la mission. Jamais on ne s'intéresse à leur potentiel atypique. Ça fait trop peur au recruteur. Pourtant, la spécificité de leur apport est primordiale pour l'entreprise si elle veut toujours se réinventer. Être le plus différent possible n'est pas une tare tant que nous avons acquis et respectons les mêmes fondamentaux.

– C'est notre pari ici, relance Pierre. Nous, nous avons décidé que le fait d'être différent serait un atout. Mais il faut être honnête. Très peu connaissent leur originalité et ont conscience de ce qu'ils peuvent apporter de différent.

J'approuve. Chacun devrait s'interroger sur ce qui fait son originalité.

– Tu as raison. On est au cœur du sujet. L'inconnu qu'il représente m'effraie. Je dois dépasser ce que je projette sur lui et m'intéresser à ce que je partage avec lui.

– Bon, on le prend, ce Benoît ? demande Pierre. Compte tenu de ses notes aux autres tests, il n'y a pas photo.

Tout le monde acquiesce, je lève le pouce et Pierre classe la chemise rose sur la pile de droite. Ne pas avoir peur de celui qui semble different de soi, ne pas croire en ce fameux instinct qui fausse si souvent la donne. L'instinct n'est qu'un animal nocif dont il faut se méfier, parce que fatalement il nous éloignera de celui qui nous ressemble le moins. Triste erreur, il faut accepter de regarder plus loin, au-dessus, ailleurs, à côté – tout cela s'apprend et se travaille sans cesse –, pour découvrir que celui que l'on croit différent est, au fond de lui, le plus semblable à celui que nous sommes…

C'est ensuite un véritable crève-cœur que d'appeler les recalés. Tous se sont investis dans ce long processus de recrutement. Les heureux élus n'en reviennent pas. Certains crient même de joie au téléphone.

Nous les retrouvons à Lorient sur l'eau à bord du VOR 65 pour l'ultime épreuve. Nous ne déciderons pas de l'issue du test, c'est à eux désormais de savoir jusqu'où ils sont prêts à aller. *Libertalia* est un grand bateau, très puissant et très impressionnant. Je sais que les conditions de vie extrêmes que cela implique ne conviendront pas à tout le monde.

Nous naviguons de nuit au près dans trente nœuds de vent au large de l'île de Groix. J'aperçois sur tribord les faibles éclats du phare de Pen-Men. Le bateau tape violemment dans une mer hachée et les embruns gelés balaient les corps et les visages de nos nouvelles recrues, au rappel, serrées les unes contre les autres. Sur le pont, et malgré nos sollicitations, pas un n'envisage de se déplacer pour se coucher à l'intérieur. Ils luttent en silence contre le mal de mer. Avec Pierre, cela ne nous rassure pas car nous devons pouvoir compter sur un équipage frais toute la nuit. Si aucun d'entre eux ne va dormir, il n'y aura plus personne de vaillant à quatre heures du matin. Nous ne cumulons qu'une dizaine de sorties d'entraînement sur ce mastodonte de vingt mètres et de treize tonnes, alors il s'agit de veiller à la plus grande prudence. C'est une machine impitoyable pour qui ne sait pas s'en servir. Je fais la navette entre le pont et l'intérieur pour surveiller notre progression sur la carte et alimenter régulièrement l'équipage en eau douce et en gâteaux secs. Je veux être partout quand soudain, ma botte dérape dans le fond du cockpit. Je ne peux rien saisir pour me rattraper et je tombe de tout mon poids, l'épaule en avant, sur l'angle saillant du marchepied du barreur, sonné. Deux équipiers me saisissent et m'assoient au rappel derrière la barre. Une douleur vive irradie mon bras droit.

– Putain, l'épaule est sortie !

Je vois mon bras pendre devant mon épaule. Je souffre horriblement.

La petite lumière blanche en haut du mât de trente mètres est sujette à des mouvements dantesques. Des yeux pleins de peur me questionnent.

Pourquoi l'instinct me pousse-t-il à tirer avec ma main valide le bras malade vers le haut ? Je ne sais pas. Dans un « clac » qui résonne dans tout mon squelette, je sens la tête de l'humérus rentrer dans son logement. Je hurle. Benoît me tend deux Doliprane et une bouteille d'eau. Je les avale quand Pierre s'installe à côté de moi.

– Qu'est-ce qu'on fait maintenant ?

Le bateau fonce de toute sa puissance dans la nuit. Le jour ne se lève que dans sept heures. Nous avons besoin de cette navigation de nuit pour valider la bordée, mais continuer avec un équipage de bleus et un skipper blessé n'est pas un comportement de marin.

– Il faut rentrer, dis-je dans un souffle.

Pierre se lève et lance les ordres. *Libertalia* se cabre dans le grincement sinistre des écoutes frottant les énormes winchs du cockpit et accélère à plat en direction de Lorient. Les visages se décrispent devant la promesse du retour au port et d'une douche chaude. L'équipage revit tandis que je m'enfonce lentement dans l'ombre.

Le lendemain, l'examen radiologique confirme la luxation. Je vais devoir garder le bras en écharpe pendant cinq semaines. Les navigations pour tester la nouvelle équipe sont donc terminées pour moi. La blessure n'a rien d'anodin. J'ai déjà connu ce type de choc lorsque j'étais adolescent. Je sais aujourd'hui que ce n'est qu'un signal : mon corps dit stop, parce que mon esprit n'a pas su prendre la décision qui s'imposait. Il faut que je m'arrête. Ce n'est pas la lésion elle-même qui provoque la prise de conscience, c'est le soulagement qui s'instille au plus profond. Comme si une part de moi respirait mieux, parce que j'étais enfin empêché de naviguer.

Le bras en bandoulière, j'ai dorénavant le temps de réfléchir. Je ne peux plus fuir en avant. Je nage au milieu de mon cafard. Dans la construction de Team Jolokia, j'ai pensé à tout le monde sauf à moi. J'ai fait plaisir à Marc, à Pierre, à Olivier mais aussi à toutes celles et ceux qui voient en moi une sorte de capitaine de la diversité et qui attendent un projet qui me corresponde et leur corresponde. Je me suis oublié en voulant leur plaire. Mais loin de rendre tout le monde heureux, cette nouvelle aventure et la manière avec laquelle je l'opère révèlent des tensions fortes entre Marc, Pierre et moi. Pierre veut davantage de responsabilités. Sa quête d'espace lui fait jouer des coudes. Marc souffre de la vente récente de son chantier. Il est imbuvable. Quant à moi, je me prends des coups encore et toujours, sans rien distinguer ni voir venir. Pourquoi est-ce si difficile de garder les yeux ouverts ?

Après de nombreuses nuits blanches, je décide de parler à Gonzague de Blignières. Gonzague, look et coupe de cheveux d'acteur hollywoodien de l'âge d'or, enfant d'une aristocratie qui ne regrette pas l'ancien temps, trublion d'une folle drôlesse lorsque, en confiance et à la Michel Leeb, il se lance dans des imitations hilarantes, est mon mécène, l'homme grâce à qui tout est possible. Il a acheté la moitié de *Jolokia* alors que nous pensions abandonner le Défi Intégration faute de partenaire. Aujourd'hui, il nous permet à Pierre et moi de nous rémunérer pour construire Team Jolokia. L'argent est une énergie qu'il dispense comme il investit dans les entreprises : au bon moment et avec le juste montant. Parfois le don peut se révéler étouffant, mais pas chez Gonzague. La façon avec laquelle il offre est elle-même généreuse, car elle n'accapare rien, elle n'enlève pas une once de mérite à celui qui en profite.

Même s'il n'en dispose guère, Gonzague sait partager son temps, un bien encore plus précieux que son argent. Quand je l'appelle, il me répond et cela n'a pas de prix. Fils unique, alors que son père avait une dizaine de frères et sœurs, il a sans doute toujours cherché à constituer autour de lui la fratrie avec laquelle il aurait aimé grandir. Peut-être est-il parvenu à en construire une et que j'en fais désormais partie ? Chaque fois que je vais le voir, je vis en tout cas des moments que l'émotion décuple tant j'apprécie sa capacité à lire dans mon esprit, à capter qui je suis, à comprendre les interrogations qui me taraudent. Alors, quand il me reçoit à Paris dans les bureaux blancs de Raise, sa nouvelle folle aventure à lui, une société d'investissement pas comme les autres, son regard ne tarde pas à se planter dans le mien. Il penche la tête à gauche et plisse les yeux comme pour mieux lire en moi et me faire comprendre qu'il sait que ça ne va pas. Du coup, je peine à ravaler mes larmes.

– Bon, c'est quoi le malaise ? demande-t-il, bienveillant.

– Je ne me sens plus bien dans Team Jolokia. J'essaie de faire plaisir à tout le monde mais je n'y arrive pas.

– Tu n'es obligé à rien, fait-il, très calme. Tu es totalement libre de quitter l'aventure si tu le souhaites.

Je ne m'attendais pas à ce qu'il comprenne si vite.

– Je suis vraiment désolé parce que je t'ai entraîné dans ce projet...

– Et j'en suis très heureux. Ne t'inquiète pas pour moi. Le plus important, c'est que tu t'épanouisses. C'est pour cela que je t'aide.

– Au fond de moi, une idée folle grandit. Je rêve de faire le tour du monde en solitaire.

– C'est super !

– Ça fait des années que je m'occupe des autres et que j'en prends plein la gueule. Aujourd'hui, j'ai envie de vivre ma passion seul. Construire le Défi Intégration et Team Jolokia m'a usé.

– Je comprends parfaitement.
– J'aimerais confier le bébé à Pierre.
– C'est une très bonne idée. Je crois qu'il en a très envie. Mais attention. (Il lève l'index en l'air.) Si tu t'en vas, il faut que tu fasses les choses bien.
– Ne t'inquiète pas, je ne partirai que dans un an, quand l'aventure sera solide, connue et financée.
– Mets Pierre dans la boucle et aide-le pour la suite.
– Tu peux compter sur moi.

Nous finissons par une longue accolade. Dans les bras de mon ami, c'est comme un poids immense qui quitte mes épaules. Quelques jours plus tard, à Lorient, je me confie à Pierre avec beaucoup d'émotion. Il est heureux et nous partageons un moment d'amitié rare.

Le premier équipage de Team Jolokia est intronisé officiellement dans le grand salon de l'hôtel de la Marine, place de la Concorde, en présence de l'amiral chef d'état-major Pierre-François Forissier. Les nouveaux équipiers et équipières sont dans leurs petits souliers. Sous les ors de la marine républicaine, six femmes et quinze hommes, un tétraplégique, un aveugle et un malvoyant, des Français, un Suisse, un Mauricien et un Chinois, des vieux, des jeunes, un gars des cités et un analyste financier. L'année 2013 s'annonce aventureuse et libre, mais c'est le bras et l'âme en écharpe que je rejoins mon vieil ami Brice sur son bateau pour un mois de navigation en Antarctique.

J'ai besoin d'autre chose.

Définir ses choix

À bord de *Podorange*, il y a ce guide de Chamonix, Antoine Cayrol, un ancien membre du Groupe militaire de haute montagne (GMHM). Avec sa moustache à la d'Artagnan, sa haute taille, son regard cabotin et son ciré rouge, complet jusqu'au suroît qu'il a fièrement tiré de sa dotation de moniteur de ski français des années 1980, l'as de l'alpinisme fait de l'effet. La montagne est sa passion. Il la vit sans limite et cette liberté me fascine.

Le voilier marche à petite vitesse dans le détroit de Gerlache. Le grand bateau en acier de Brice fend le miroir de l'eau où se reflètent les sommets enneigés de la péninsule antarctique. Emmitouflé, la capuche bien serrée pour ne pas perdre une once de chaleur corporelle, j'écrase une larme de rire gelée parce qu'encore une fois Antoine fait l'idiot à la barre et qu'il est absolument irrésistible. Quand je peux à nouveau respirer normalement, je lui demande :

– C'est quoi tes priorités dans la vie ?

– La montagne, mes enfants et ma femme, répond-il sans hésiter une seconde puis il ajoute : Et dans cet ordre !

L'eau file sous la coque, j'exulte.

– Merde ! La vie est faite pour vivre des aventures folles !

Il approuve avec son fort accent du Cantal.

– C'est clair !

Il y a une chose dont je suis désormais sûr, c'est que je veux faire le tour du monde en solitaire. Rien ni personne ne me fera changer de cap. Mais depuis des semaines, j'hésite entre un tour du monde minimaliste, loin des projecteurs, quelque chose entre les océans et moi, sans pression extérieure ; ou bien la grande folie, le Vendée Globe. Au contact de l'aura d'Antoine, je me sens déchargé de ce questionnement existentiel.

C'est la grande folie qu'il faut poursuivre.

– Il n'y a pas de doute. Un jour, je serai au départ du Vendée Globe !

– Bravo, ça me plaît ! me lance Antoine dans un sourire dont la surface est incalculable.

Ainsi se construisent parfois les grands desseins des petits hommes.

Le soir même, des questions m'assaillent, toujours mes sempiternelles interrogations. Qui je suis, ce que je veux faire, mes capacités à réaliser ce que j'ai décidé d'entreprendre. Je sais bien que les rêves sont parfois trop larges pour les épaules de ceux qui, au réveil, ne se souviennent plus de la teneur de leur songe.

Dans ma cabine, je repense à la réaction de Brice, à Puerto Williams, la veille de notre départ, alors que je lui confiais mon rêve fou autour d'une bière. Il avait pris le temps de me resservir avant de formuler sa réponse.

– Je ne te vois pas faire le Vendée Globe. (Devant ma stupéfaction, il avait rajouté :) Tu n'es pas assez technique pour répondre aux exigences de la course et puis, physiquement, tu n'es pas taillé pour.

Je n'en étais pas revenu que mon vieil ami me sape le moral aussi brutalement, mais il avait mis le doigt là où ça fait mal. Brice est un bon marin. Il sait de quoi il parle.

C'est vrai, je suis loin d'être un athlète. Trop gras et pas assez musclé. Petit être qui s'estime faible et fragile, mais qui aspire à des choses impossibles.

Je ne suis pas seul dans cette aventure, je suis moins que seul.

*

Il est deux heures du matin dans un canal Beagle au calme étrangement plat. D'habitude, le vent s'abat dans la région en puissants williwaws, ces courants d'air glacé qui descendent des montagnes et secouent les voiliers. Nous avons retrouvé la nuit après trois semaines de jour continu en péninsule antarctique. Seul sur le pont, je profite de mes derniers instants de navigation dans le Grand Sud. Quand reviendrais-je ? Pourrais-je me hisser jusqu'à l'exigence du Vendée Globe pour revenir saluer le cap Horn ?

En sourdine dans les haut-parleurs du cockpit, Mark Knopfler, le leader de Dire Straits, conclut le deuxième couplet de « Brothers in Arms » : *« You did not desert me, my brothers in arms. »*

« Ce que tu as à faire, Éric, fais-le à ta façon… »

Par quelle synapse, par quel neurone, cette idée se fraye-t-elle un chemin jusqu'à ma conscience ? Quel tiroir métallique de l'immense armoire à classement administratif qu'est ma mémoire s'est soudainement ouvert pour me livrer cette pensée qui d'un seul coup renverse mes craintes ? Non, je ne suis pas obligé d'être sur le fil de rasoir. Je n'ai pas besoin d'être le plus fort.

Contente-toi de faire ta course. Ne te mets pas de pression. Va chercher du plaisir, pas de la souffrance.

La décision s'enfonce comme un clou dans mon esprit. Aucune tenaille ne pourra désormais le saisir pour l'en extirper. Ce jour-là, je comprends que je ne ferai plus marche arrière.

Dans l'avion qui me ramène en Europe, j'écris une liste de choses à faire pour la première fois dans mon carnet réservé aux rêves. Je dois trouver un bateau et un concept, préparer une plaquette de présentation, trouver des mécènes.

Dans le RER qui me ramène à Paris, je fais une étrange découverte. Pour ne pas me blesser, j'ai gardé l'écharpe qui maintient mon épaule immobilisée pendant tout le voyage. En voyant mon bras bloqué, les autres voyageurs font preuve de prévenance et me laissent de l'espace. Je me souviens de l'enfer de ce même métro quand, une semaine avant de partir rejoindre Brice, j'avais préféré quitter mon écharpe pour tenter de me remuscler le bras. Les voyageurs m'avaient poussé, percuté, compressé. Ils ne pouvaient pas savoir que mon bras était toujours très douloureux et que je me sentais exposé sans mon attelle. Je n'avais plus droit aux égards dus aux personnes handicapées.

À la station Châtelet, au sommet des marches de la sortie place Sainte-Opportune, quand le Paris hivernal me saute aux yeux et au nez, je comprends que la vie et le métro sont la même chose. Plus je donne l'impression d'être fort, plus je prends de coups, plus je semble faible, moins on m'agresse. Je suis fragile comme tout le monde mais je ne le montre jamais. On me croit fort à tort.

Si je veux toujours être un Éric Tabarly, je ne dois pas m'étonner qu'on me tape dessus. Pourquoi ménager celui qui peut tout encaisser ? C'est humain, d'autant qu'en tant que patron d'équipe, je concentre fatalement beaucoup de ressentiments. Quand on est visible, on est visé. Il faut que tout cela change.

Je ne serai plus le skipper que j'ai été. Je montrerai un Éric avec ses forces et ses faiblesses.

Avec un seul bras encore valide, je n'ai plus l'équilibre nécessaire pour virevolter sur le bateau comme j'en ai l'habitude. Je suis condamné à m'asseoir derrière et laisser les autres faire. Ma blessure m'oblige à prendre le recul propice à l'observation et la réflexion. Et là, miracle ! En leur laissant de la place, mes coéquipiers s'épanouissent beaucoup plus. Ils sont heureux et fiers d'être responsables des manœuvres. En leur faisant confiance, je les aide à progresser et respecte davantage leur dignité.

Le travail du chef, c'est d'apprendre à déléguer, à observer, à préparer, à indiquer. Et à laisser faire les autres. Or, en étant dans l'action permanente, je n'arrivais pas à le faire. L'inaction est à mes yeux non seulement une condamnation au vide, mais elle fait surtout germer en moi cette culpabilité qui me bride : ne rien faire, c'est être inutile. Mort socialement ou presque.

Quand je fais, j'ai l'impression d'être et d'être utile. Ce n'est pas facile de s'affranchir de la peur du néant pour se concentrer sur le groupe et se tenir disponible à tout moment. Un vrai don de soi. Je comprends que mon équipage a besoin d'une personne hors de la manœuvre pour servir de frein ou d'accélérateur et proposer des pistes d'amélioration. Comme je suis le plus capé à bord, c'est à moi de devenir le chef d'orchestre.

Parce qu'elle m'a rendu fragile, ma luxation m'a offert une force nouvelle.

*

Quelques semaines plus tard, invité au festival du film d'aventure de Dijon pour présenter le film tiré de ma dernière aventure, *Jolokia, l'odyssée des bras cassés*, je rencontre Frank Bruno, ce qui parachève ma transformation.

À la fin de la projection, l'aventurier corse, qui a perdu un bout de jambe pendant son service militaire dans la marine, monte sur la scène. Comme je suis assis au premier rang, il me salue d'un doigt pointé, tout sourire.

– Toi...

Le pouce levé, il me fait comprendre qu'il a apprécié le film et son message.

Lors de la soirée de clôture, nous allons naturellement l'un vers l'autre. L'homme est grand et sec. Son visage a la peau burinée de ceux qui ne dorment pas souvent sous un toit.

– J'ai adoré ton film, putain, lance-t-il avec un fort accent de maquisard corse.

– Merci. Je dois t'avouer que tu es la première personne à être si enthousiaste. D'habitude on me sert plutôt des : « C'est bien ce que vous faites. »

Il part d'un grand rire entendu.

– C'est remarquable parce que tu ne verses pas dans la pitié. Tu as du courage.

– Ça me fait vraiment plaisir ce que tu me dis, parce que la pitié est vraiment un poison pour les personnes handicapées.

– Oui, nous sommes des hommes, pas des victimes ! Nous voulons être traités comme tel. Quand j'organise des camps d'été avec des personnes amputées, mon objectif est simple : je les secoue jusqu'à ce qu'elles craquent et qu'elles s'acceptent avec leur bout de corps en moins. Je balance une énergie folle pour leur rentrer dedans.

– Et ça marche ?

– Je ne raconte pas de bêtise si je te dis que j'ai soixante-quinze pour cent de réussite.

– C'est fabuleux.

– C'est pas mal, oui, mais à la fin des deux mois, je suis rincé. Je me réfugie dans mon camp des solitudes, dans le maquis corse, pendant trois semaines et je ne vois plus personne. Je me concentre uniquement sur moi.

Je tilte.

– Tu t'offres ça comme ça ?

– On ne peut donner de l'énergie que si on en a. C'est comme une voiture. Pour rouler, tu dois faire le plein.

C'est tellement évident que je pense tout haut.

– Pour vivre avec les gens, il faut savoir les fuir.

– Voilà ! fait-il en souriant.

Parce que je demeurais persuadé qu'il fallait être omniprésent pour être un bon chef, parce qu'un bon officier reste avec ses troupes, j'étais tout le temps là, dans les phases de travail comme dans les temps de repos. Comme j'avais tort ! J'étouffais mon équipe et je m'exposais beaucoup trop. Comment rester concentré vingt-quatre heures sur vingt-quatre ? Forcément, je fatiguais et faisais des erreurs de jugement. J'avais des mots blessants. Je m'énervais. J'offrais le flanc aux critiques.

Je ne peux plus me permettre d'être fatigué, parce que c'est à moi de garder la tête froide en toute occasion. Il faut que j'apprenne à avoir conscience de l'énergie que je dépense et être vigilant sur l'état de mes batteries internes. Je dois préserver ma solitude après le travail collectif.

Charlotte, ma sœur, m'a prêté sa vieille Peugeot dont elle ne se sert plus. L'amiral Forissier, qui coule une retraite méritée en Bretagne, m'a ouvert la porte d'un petit studio dans sa maison de Quéven.

Quelques jours de ressourcement m'ont suffi, je suis maintenant prêt à retourner à bord de *Libertalia.*

*

Au creux de l'hiver 2013, nous passons plusieurs fois à deux doigts de la catastrophe. Un jour, le grand spinnaker de trois cent cinquante mètres carrés se bloque en tête de mât dans la brise. Avec plus de trente nœuds de vent, nous déboulons sur l'archipel des Glénan, moi à la barre, tentant de ne pas faire empanner le bateau, et Pierre au sommet du mât, les outils à la main pour faire lâcher le hook, le crochet qui maintient l'immense voile au sommet. Envoyer Pierre dans le gréement était la seule solution possible, puisqu'il n'y avait pas d'autre équipier expérimenté sur ce week-end d'entraînement.

Se hisser au sommet du mât sans se blesser, sous le spi et dans du vent fort réclame de l'adresse et beaucoup d'attention. Et travailler à trente mètres de haut quand l'amplitude des mouvements de la tête de mât est dix fois plus importante que celui du bateau exige de l'expérience, tout simplement. C'est la même chose pour la barre, nous ne pouvons pas la confier à un néophyte parce que pour décharger la grand-voile d'avant, il faut conserver le cap le plus abattu possible malgré la forte houle. Me voilà donc en train de tenir la grande barre à roue du VOR lancé à pleine allure vers les rochers des Glénan et, de l'autre main, de désigner le bon taquet, le bon winch, la bonne drisse pour que l'équipage exécute en douceur la manœuvre. Il ne faut surtout pas se presser, même si du coin de l'œil, je commence à deviner les brisants droit devant. J'explique dans le détail tout ce qui va se passer à mes équipiers novices. Au « go » de Pierre, le spi s'affale à toute vitesse dans la descente mais sans aucun heurt. En un clin d'œil, l'immense toile est avalée dans la soute avant. Aux abords du plateau de la Basse Jaune, premier rempart de l'archipel, nous parvenons à virer de bord, vibrants d'adrénaline. On peut respirer.

Un autre jour, c'est un doigt qui se coince dans un winch, heureusement sans gravité. Le lendemain, c'est l'écoute de grand-voile qui s'enroule en empannant sur un équipier malvoyant. C'est un miracle que nous ne déplorions aucun blessé, car le bateau se révèle très physique et très exigeant. Le franc-bord particulièrement bas et l'absence de protection contre les vagues et le vent nous livrent à la morsure de l'hiver breton. Le noroît et le nordet se relaient sans faillir pour surprendre notre vigilance.

Après chaque navigation, je m'écroule dans ma chambre, épuisé, stressé et négatif. Nous n'y arriverons jamais. C'est un truc pour les pros et il n'y en a aucun à bord, pas même le skipper. Les soirs de grande fatigue, je suis tenté de virer tout le monde et d'engager un nouvel équipage compétitif tout de suite. Quand nous passons à un cheveu d'un accident, je ne désire qu'une chose : tout bazarder. Mais l'ambiance reste toujours excellente et me donne envie d'y retourner au matin. L'équipage vit à bord les week-ends d'entraînement. Avec Pierre, nous sommes les seuls à disposer d'un endroit à nous. Cela ne m'empêche pas de capter sur le pont et au fil des entraînements les petites histoires de leur vie en communauté : les amourettes, les dîners à même le sol du carré quand il pleut à verse, les apéros sur le ponton, l'écho des ronflements dans la grande coque de kevlar.

Le Tour de Belle-Île est notre première régate. Il fait très beau en ce premier week-end de mai. Le vent est faible sur la ligne de départ puis une brise thermique libère progressivement les cinq cents bateaux de la flotte. Sous grand spinnaker pour un long bord jusqu'à La Trinité, *Libertalia* est escorté par des voiliers imposants avec leurs immenses voiles ballons colorées. Je me rends compte que nous correspondons aussi à cette description : nous avons les deux pieds dans la cour des grands. Quelques heures plus tard, *Libertalia* et ses pirates sur lesquels personne n'aurait misé un kopeck vont passer la ligne d'arrivée de leur première régate. Le résultat m'importe peu. Je crois d'ailleurs que personne à bord n'en fait grand cas, même Pierre. Être là est une victoire. Et personne ne s'est blessé.

Enfin au soleil, nous exultons, après des mois de travail acharné.

Avec des gestes devenus sûrs, la grand-voile est affalée et ferlée. Satisfait, j'embraie le moteur vers le port. Nous amarrons notre beau bateau rouge et blanc sous le regard d'une multitude de curieux juchés sur le môle Loïc Caradec de La Trinité. Avec leurs blousons rouges et leurs lunettes de soleil miroirs, les équipiers s'appliquent plus que d'habitude à lover les cordages et ranger le bateau, le cœur gonflé de fierté. On dirait de vrais professionnels de la course au large. En s'asseyant tout autour de Pierre et de moi pour un ultime débriefing, chacun goûte son bonheur. Gaël, les yeux pleins de larmes, se passe la main sur le visage.

– Pierre, Éric, je voulais vous remercier. C'est extraordinaire pour un mec paraplégique comme moi de faire ça. Merci.

Et chacun et chacune, un par un, nous témoigne sa reconnaissance.

Je pose la main sur l'épaule de Pierre et nous nous sourions.

– C'est nous qui vous remercions.

Pierre acquiesce.

– Vous avez tout donné. Nous sommes fiers de vous.

D'un coup d'un seul, la tristesse que j'avais ressentie à Port-Louis est lavée.

*

Les régates vont s'enchaîner : l'ArMen Race, le Record SNSM, puis Cowes-Dinard. Dans le petit temps comme dans la brise, l'équipage navigue de mieux en mieux. Pierre et moi intégrons l'équipage à toutes les réflexions sur l'organisation du bord. La séparation entre les moments où chacun a son mot à dire et ceux où il faut se plier à la hiérarchie et obéir est naturellement harmonieuse. Chacun est à sa place et les résultats s'en ressentent. Le temps passe vite, j'ai à peine l'occasion d'assimiler le plaisir que j'éprouve à skipper cet équipage que nous sommes déjà au mois d'août. La Rolex Fastnet Race est le zénith de notre saison 2013 et ma dernière régate à bord. Le 9 août à midi, le coup de canon du Royal Yacht Squadron retentit et nous nous élançons au sein de la catégorie reine de la course, celle des plus grands bateaux. Dix-sept coursiers sublimes dont la plupart sont la propriété de milliardaires du monde entier. Certains d'entre eux sont nettement plus gros que nous, comme ces stars mondiales de la course au large en équipage que sont *Rambler*, *Leopard*, *CQS*, *Nikata* et les sept VO65 de la Volvo Ocean Race. Tous ont trois points communs : ils sont très récents, leurs voiles sont neuves et leurs équipages sont des mercenaires de la course au large. Les propriétaires mettent le paquet pour ramener la coupe légendaire à la maison et cela commence par des professionnels du circuit mondial payés à prix d'or. Le dix-huitième bateau, c'est *Libertalia*. Nous sommes le voilier associatif français avec tout ce que cela veut dire ici à Cowes : des voiles pourries, un design démodé et un équipage qui paraît plutôt sortir de la cour des miracles que de la cuisse de Jupiter.

Pour participer au sommet de notre année, nous avons sélectionné celles et ceux qui se sont le plus investis dans l'aventure. Ils sont pour nous les meilleurs. Nous avons divisé l'équipage en deux quarts. Le premier sera sous la responsabilité de Pierre et le second sous la mienne. Nous embarquons aussi Robert Iseni, dit « Bob », un homme d'images qui réalise le film documentaire de notre aventure.

Au soir du deuxième jour, le vent est erratique sur la côte sud de l'Angleterre. Mon équipe s'installe silencieusement dans le cockpit. Les visages portent la marque de ceux qui n'ont pas dormi. Certains vérifient leur équipement, allument et éteignent leurs lampes frontales pour s'assurer de leur bon fonctionnement. D'autres finissent d'enfiler leur blouson et serrer leurs écharpes. En bas, le quart de Pierre se restaure dans la fumée d'un plat de pâtes. Ils essayeront bientôt de trouver le sommeil à leur tour. Je suis en train de donner mes consignes quand Benoît s'avance.

– Bon, il faut que je vous parle.

Je me tais. Il semble plus nerveux que d'habitude.

– On t'écoute, Beubeu.

– Vous êtes tous au courant que nous avons droit à un mini Mars par personne et par jour. Je vous ai bien tous prévenus pendant le briefing, la veille du départ.

– Oui, on est au courant.

– Alors, pourquoi vous mangez plus que votre part ?

J'avais bien senti hier soir qu'une tension naissait entre les deux quarts. J'en comprends désormais la pitoyable raison. Une histoire de barres chocolatées. Cependant, fatigue aidant, en mer, le moindre détail peut prendre des proportions fabuleuses et le caractère humain est ainsi fait que deux parties d'une même équipe peuvent devenir concurrentes, voire adversaires.

– Personne n'a pris vos Mars ! s'écrie Daniel derrière moi.

– Dans ce cas, pourquoi il n'y en a plus pour nous ?

Benoît ne veut pas s'énerver.

– Mais ça va pas de nous accuser comme ça ? reprend Daniel.

– Écoute, depuis hier, je calme tout le quart pour qu'il n'y ait pas d'engueulade, temporise Benoît. Je leur dis qu'il doit y avoir une explication. Là, je viens vous voir pour vous demander ce qui se passe. Je n'accuse personne.

La caméra de Robert ne rate pas une miette de l'engueulade. C'est à présent à moi de jouer avant que tout s'envenime.

– Benoît, je te remercie de venir nous voir. On a bien compris. Je ne crois pas que quelqu'un se soit servi plus que sa part, vu que la consigne de départ était très claire. Il doit y avoir une autre raison que nous n'avons pas pour le moment mais que nous tirerons au clair plus tard, OK ? Maintenant, que chacun fasse très attention à ce qu'il prend dans les réserves. Benoît, va te coucher. On a du boulot sur le pont.

– Nous voulons tous que ça se passe bien, moi le premier. Alors, je préfère parler plutôt qu'on s'engueule tous.

– Tu fais bien. Merci à toi.

– Bon quart, les gars.

Benoît s'en va, laissant ma bordée ruminer.

– Allez, les amis, on oublie cette histoire et on fait marcher le bateau.

Le faisceau des lampes se dirige vers les voiles d'avant et la grand-voile.

– Génois plus ! lance une voix à la proue.

Instantanément, le moulin à café fait tinter les cliquets du winch tribord. Bordée plus encore, la voile se tend. Milena, la barreuse, se concentre derrière moi. Quand il y a peu de vent, la vitesse repose principalement sur elle. Robert se glisse à côté de moi et me chuchote :

– C'est moi.

– Quoi « c'est moi » ?

– Les mini Mars, c'est moi.

– Non ?

– Si. Depuis le départ, avec mon mal de mer, c'est la seule chose que je peux avaler.

Je ris.

– Tu as failli créer une mutinerie, tu en as conscience ? Comme tout le monde est crevé, ce genre de truc peut partir très vite.

– En tout cas, ça m'a enfin fait un conflit à filmer. Pffff, c'est beaucoup trop calme entre vous. Vous vous entendez trop bien pour faire une bonne histoire ! conclut-il dans son rire tonitruant.

– T'es con, dis-je en le prenant par l'épaule.

Je préviens le quart, qui rit avec nous, puis descend sous le pont pour trouver Beubeu. Je sais qu'énervé comme il est, il ne peut sans doute pas fermer l'œil. Je le trouve à l'aide de la lumière rouge de ma lampe frontale. Le grincement sinistre d'une écoute choquée sur le pont claque au-dessus de moi comme une détonation. Le vent rentre. La tête de Benoît repose dans la bannette au niveau des bottes de Pierre, qui se redresse sur les coudes.

– Beubeu, tu dors ?
Il ouvre les yeux.
– Non.
– C'est Robert qui a mangé les mars.
– C'est pas vrai ?
– Si. Il n'était pas là au briefing. Il ne savait pas. C'est le seul truc qu'il peut bouffer avec son mal de mer. Tu passes l'info ?
– OK. (Il ferme les yeux, un sourire aux lèvres.) Ah, le con !

Qu'un simple mini Mars puisse anéantir notre performance collective ne m'impressionne pas. Avec le manque de sommeil, l'anxiété, la promiscuité, même dans une équipe soudée le plus insignifiant des détails peut créer de l'animosité jusqu'au conflit. En mer, la bouffe, c'est sacré.

Ce qui en revanche me sidère, c'est que la mutinerie a été évitée grâce à Benoît. Le petit gars des banlieues si « vénère » que je ne voulais pas intégrer à l'équipage a été le premier à ressentir la tension naissante. Et il a eu le courage de crever l'abcès. C'est drôle, parce qu'avec le recul, je me souviens qu'il avait aussi, dès le début de nos entraînements, demandé le rôle de piano comme poste à bord. Poste dans lequel il a très vite excellé. C'est lui qui fait désormais le lien entre le cockpit et les équipiers à la proue. C'est lui qui relaie les ordres et les informations. C'est lui qui distribue les drisses aux deux équipiers exposés à l'avant du mât. C'est un rôle de pure empathie parce que pour être efficace, il faut se mettre à la place de ces gars qui en prennent plein la gueule sur la plage avant. Il est ainsi naturellement devenu le médiateur du bord. Cette faculté indispensable à la vie d'un groupe vaut toutes les grandes expertises techniques maritimes, et j'étais à deux doigts de m'en passer, par peur de la différence.

Les ressemblances invisibles, toujours !

Nous passons le Fastnet Rock le lendemain à la lutte avec nos concurrents directs. Ce rocher planté au sud de l'Irlande est le point culminant de notre montagne, et nous pleurons tous de bonheur. Il y a quatre ans, au même moment, avec l'équipage du Défi Intégration, nous avions exceptionnellement dépassé l'île d'Yeu.

Je suis un autre homme, un être éveillé.

Cela fait soixante-douze heures que nous sommes en course et nous entamons la dernière ligne droite devant Plymouth. Nous sommes au contact de bateaux avec lesquels nous ne pensions jamais rivaliser. L'équipage au complet est sur le pont, à l'affût de chaque risée pour grappiller au vent, mètre après mètre. À la barre, Pierre ordonne et nous virevoltons dans le cockpit, le geste sûr. Sur les colonnes de winchs, les bras fatigués donnent tout ce qu'ils ont. D'autres bras à peine plus frais prennent la relève. Nous ne sommes qu'un et *Libertalia* est le prolongement de notre unité. Un puissant coup de corne retentit au sommet du phare du brise-lames. La ligne est franchie dans une explosion de joie. Nous sommes huitièmes de notre catégorie, ce qui est bien au-dessus de ce que nous espérions.

C'est gonflés de fierté que nous accueillons à couple de *Libertalia* les concurrents arrivés derrière nous. Nos concurrents font un peu la tête en nous lançant leurs amarres que nous récupérons hilares. Comment le petit challenger associatif français a-t-il pu leur damer le pion avec des filles et des vieux à bord ? Ils ne sont pas au bout de leur surprise. Sous leur regard médusé, Gaël sort son fauteuil roulant de la soute et connecte les roues sur le pont. Leur mâchoire manque de se déboîter quand Olivier déplie sa canne d'aveugle pour venir l'aider. Dans leurs yeux, je vois le désarroi. Comment ont-ils pu se faire battre par ça ? Je me régale. Que c'est bon de voir un pan entier de certitudes s'écrouler comme un bloc de glacier dans la mer. D'habitude, *Libertalia* est le genre de bateau qu'on applaudit avec charité et pitié aux remises de prix parce qu'il ne menace personne. Aujourd'hui, nous sommes devenus le danger.

Sans demander à quiconque de vérifier si l'eau était libre sous lui, Olivier vient de plonger du ponton pour rejoindre ses coéquipiers qui barbotent tout habillés dans l'eau. Je les rejoins en faisant semblant de me faire prier. Je veux goûter ce moment. Sauter dans le port est normalement le privilège des vainqueurs, mais nous nous en moquons. Nous venons de vivre l'aventure de notre vie. Il ne fait pas froid dans l'eau à quatorze degrés.

Nous sommes fiers, forts, indestructibles. Notre potentiel est infini. Ensemble, en célébrant nos singularités et en les additionnant, nous avons fait disparaître la rivalité, ce poison des équipes. Nous étions si différents et nous le répétions si souvent que personne ne pouvait se substituer à un autre. Nous avons ensemble et dans un même esprit réalisé une performance où se sont mêlés un versant sportif et une forme d'harmonie collective à laquelle j'aspirais.

Nous ramenons le bateau en France le lendemain. La Manche nous offre un fabuleux coucher de soleil rouge sang en guise de trophée. Je branche mon iPhone sur la sono du bord et je m'invente DJ de la belle équipe. Nous célébrons notre bonheur sur un morceau d'Arcade Fire joué à plein volume sur le pont et gravons ce souvenir sur des photographies que nous montrerons plus tard à nos enfants et à nos petits-enfants.

J'ai mené l'aventure là où je voulais. Je peux passer la main et me concentrer, libre et heureux, sur le prochain rêve. J'ai la méthode, ou la formule magique, c'est selon ses croyances. Au départ, la diversité n'est pas une richesse, elle n'est qu'une succession d'emmerdes ; pour en tirer la quintessence, il faut se donner les moyens. La richesse de la diversité n'est pas un fait, c'est une action à mener ensemble dans une même volonté de réussir. Ensemble là encore.

Intermezzo #5

*Novembre 2019, îles Marquises, à bord d'*Ahoy.

Steeven est en train de se baigner avec un petit cochon blanc et noir. Sans nous prêter attention, il remonte ruisselant sur la plage et disparaît avec l'animal dans le sous-bois. Marie et moi, un bidon de vingt litres d'essence à la main, nous sentons comme des cons sous le soleil brûlant de midi. Nos liens invisibles n'étaient-ils que le fruit de mon imagination ?

Mais il revient. Je lui tends le jerrican en signe de bonjour, il ne s'en saisit pas. Il ne le voit pas. Quand je décide finalement de le poser sur le sable, il me remercie froidement d'un hochement de tête.

– Ça faisait bien longtemps que je n'étais pas monté sur un voilier, vous savez. Je ne pensais pas le refaire un jour.

*Il semble avoir repris notre discussion de la semaine dernière sur le pont d'*Ahoy *comme si elle ne s'était jamais arrêtée. Nous ne sommes pas pressés, nous restons pour discuter. Au bout d'une heure, Steeven nous propose un thé des Marquises que nous acceptons avec plaisir.*

Il pose sur le feu une petite poêle calcinée et verse le peu d'eau qu'il lui reste. À la surface flottent une dizaine de feuilles de formes variées. Marie se penche.

– Secret des Marquises ! lance-t-il d'abord sèchement, avant d'ajouter dans un sourire qui adoucit son visage : Mais plus si affinités.

Le thé est sucré et délicieux. Une tasse à la main, Steeven tire de l'autre le kayak derrière lui et s'assoit dessus. Son flux tumultueux de parole rejaillit. Il y a quelques années, Steeven a construit une table à cet endroit pour accueillir les gens de passage. Le but n'était pas de faire de l'argent mais de faire découvrir aux plaisanciers ses racines marquisiennes. Il pêchait les poissons en souriant, chassait les chèvres et les cochons, cuisinait le tout avec ses légumes et le lait de ses cocos. Ses invités étaient nombreux à jeter leur ancre dans la baie et à partager le bon plan sur leurs blogs de voyage et les réseaux sociaux. Arriva donc le moment où le succès engendra la jalousie. Ses voisins l'accusèrent de pousser les Blancs à s'introduire sur leurs parcelles pour y dérober fruits et cocos. L'un d'eux le condamna même à la sécheresse en sectionnant son tuyau d'approvisionnement en eau. Mais Steeven tint bon. Ce qui scella définitivement le destin de la table, c'est l'attitude de certains touristes. Repas après repas se glissa insidieusement en lui le sentiment amer de devenir le larbin des Blancs.

Un jour, un homme traînait sur la plage un sac qu'il avait rempli de fruits et de légumes chipés dans son potager. Loin de s'en excuser, l'homme lui lança : « You want ten dollars ? » Insulte ultime. Steeven rejeta l'homme à la mer et lui ordonna de quitter l'anse. Il ne demandait que du respect. Un autre jour, il découvrit un homme au sommet d'un cocotier. Quand il l'invita à descendre, l'homme lui répondit : « Ça va ! Je peux bien t'en prendre deux ! » Un peu plus tôt, Steeven lui avait pourtant demandé s'il avait besoin de quelque chose tandis que l'homme pénétrait dans son jardin sans autorisation. Le Marquisien craqua. Il le saisit et le jeta par terre. Steeven ne voulait pas se battre. Il voulait que ce Français réalise ce qu'il était en train de faire.

« Que ferais-tu si je rentrais chez toi sans autorisation pour te voler ? Tu appellerais la police ou bien tu me tirerais dessus, non ? As-tu conscience que je bois l'eau de coco et que je vends le copra au village pour subsister ? Sais-tu qu'il n'y a pas d'eau ici et que mes ancêtres ont planté ces arbres au prix d'immenses sacrifices ? »

LIVRE QUATRIÈME

Croire en soi
ou faire de la peur une alliée

Nous nous sommes reconnus dès la première seconde dans ce hangar poussiéreux de la base de Lorient. Mon *Rua*, mon ami, cela fait deux ans que ta longue coque de carbone m'attend, suspendue en l'air sur cet immense ber. Tu n'as jamais passé l'équateur, mais tu sais que ce petit homme, cinq mètres plus bas, est celui qui t'emmènera galoper autour du monde. Tu me choisis, mais je ne le sais pas encore.

Quelques mois plus tôt pourtant, devant Michel Desjoyeaux, je n'étais que doute.

Je l'ai rencontré au Havre, peu de temps avant le départ de la Transat Jacques Vabre 2013, dans le hall du Novotel à côté du bassin Paul Vatine. Avec François Gabart, ils étaient les favoris de l'épreuve, en duo sur le bateau vainqueur du dernier Vendée Globe. Michel m'avait invité à m'asseoir dans les fauteuils marron du lobby.

– Merci de prendre le temps, je sais que tu es très sollicité.

Il a souri pour abréger.

– Vas-y, raconte-moi.

– Je suis à la recherche d'un bateau pour faire le Vendée. Celui avec lequel tu as gagné ton premier est en train de pourrir à Brest. J'aimerais que tu me dises ce qu'il faut faire dessus pour le faire courir à nouveau. J'ai peut-être un coup à jouer.

– Attends, attends ! Explique-moi plutôt ce que tu as dans la tête.

Il s'est enfoncé confortablement dans son siège pour me montrer qu'il avait le temps. J'ai pris une bonne bouffée d'air.

– Je voudrais m'aligner sur le Vendée Globe pour médiatiser ce que j'ai appris en douze ans d'aventure et sensibiliser ceux qui se foutent de la diversité. Je me suis aperçu il y a peu de temps que je donnais énormément d'énergie à témoigner dans des conférences où tout le monde est déjà convaincu. C'est plutôt désagréable comme sensation de comprendre que je pisse dans un violon depuis douze ans.

Le double vainqueur du Vendée Globe a ri franchement.

J'ai insisté en souriant.

– Tu vois, je rêve de faire le Vendée Globe et je me dis que c'est aussi une bonne opportunité de raconter une belle histoire et de toucher les non-convaincus. Le bateau s'appellera *Commeunseul-homme* et il sera soutenu par une quinzaine de mécènes.

Michel m'écoutait patiemment. Je lui ai raconté les aventures passées et l'importance pour moi de partager nos découvertes. Le Vendée Globe est suivi par près de soixante-dix pour cent de la population française. C'est une caisse de résonance hors-norme. Quand, après vingt bonnes minutes, je n'ai plus rien eu à dire, « Mich' » a tapé dans ses mains et s'est redressé.

– Écoute, c'est génial. Ce qu'il faut, c'est que toi, tu t'occupes de ce que tu sais faire, c'est-à-dire du sens que tu veux donner à ton projet. Et nous, on t'accompagne sur la technique.

– Attends, tu es en train de me dire que mon projet t'intéresse avec Mer Agitée ?

– Oui, bien sûr ! Pourquoi pas ?

– Je pensais que tu ne voulais t'occuper que de projets qui peuvent gagner. Mes mécènes, je leur promets seulement que je serai sur la ligne de départ, pas plus. Ils savent bien que je n'ai pas le niveau.

– Pas du tout. Je pense même que ta démarche peut beaucoup nous intéresser en interne. La différence, on connaît, dans la course au large !

– Mais tu crois que je peux le faire ?

– Si tu es bien entouré et si tu fais les choses dans l'ordre, oui, sans aucun souci.

Je suis ressorti de cet entretien motivé à mort. Moi qui venais pour de simples informations techniques, j'avais quasiment été adoubé par le dieu de la course au large, qui m'avait par ailleurs proposé de devenir mon consultant technique.

Je n'arrivais pas à contacter le mystérieux propriétaire polonais de l'ancien bateau de Michel. Il payait juste assez le port de Brest pour ne pas voir le bateau être saisi. Toutes mes recherches tombaient à l'eau et le temps filait. Pour pouvoir embarquer des entreprises dans mon aventure, il me fallait pourtant un bateau. Je m'étais fixé le départ de la Route du Rhum en novembre 2014 pour en trouver un. Sans lui, le projet n'était pas crédible.

J'en avais quand même profité pour aller voir plusieurs Imoca, dont l'ex-DCNS de Marc Thiercelin, en vente à Lorient. Racheté par Jean Cottin, producteur de cinéma, pour le tournage du film *En solitaire* avec François Cluzet et Guillaume Canet, il l'avait mis en vente. Six mois après avoir fait une offre nettement inférieure au prix annoncé, Jean Cottin m'avait rappelé pour me demander si ma proposition tenait toujours.

J'avais dit oui sans réfléchir. Un premier mécène venait de signer sa participation. J'avais donc cinquante mille euros en poche, juste de quoi faire un apport à la banque. Mes parents, à qui je n'avais jamais rien demandé, avaient généreusement accepté d'être caution. Au téléphone, ma mère avait été aussi directe qu'à son habitude.

– Tu as notre soutien, Éric. Ton père et moi avons confiance en toi. Et puis, si tu te plantes, ça sera ton héritage.

Dans le train qui m'emmenait au départ de la Route du Rhum, mon premier objectif était atteint. Je rappelais Jean Cottin, le propriétaire du bateau avec la Gaumont, avec qui j'avais conclu l'achat du monocoque.

– Bonjour, Jean. Je te dérange ?

– Pas du tout. Mais je n'en peux plus. Tout le petit monde de la course au large est en train de m'appeler depuis que je t'ai vendu le bateau.

– C'est pour ça que je te téléphone. Je suis en train de m'occuper de l'expertise et du convoyage, mais on me répond partout que je raconte n'importe quoi. Ils disent que le bateau n'est pas à moi, mais à deux Polonais qui vont courir la Barcelona Race avec. Ils l'ont annoncé sur leur page Facebook.

– Tout le monde me met une pression d'enfer pour que je leur vende le bateau mais je me tue à leur dire que c'est trop tard. J'ai déjà topé dans la main avec toi.

– Merci, tu me soulages !

– Tu as de la chance, mon gars, parce qu'ils m'en proposent beaucoup plus maintenant.

– Ah.

Je l'entendais rire au bout du fil. J'avais froid dans le dos dans le wagon vide de mon TGV de nuit parce que je n'avais rien signé. Nous n'avions, Jean et moi, qu'un accord moral.

– Mais ne t'inquiète pas, je me suis engagé. Quand je tope dans la main, je tope dans la main.

– J'ai de la chance, merci. Tu es un mec bien.

– Ce qui est fou, c'est que personne n'en a voulu pendant deux ans, de ce bateau. Et maintenant que tu as tiré le premier, ça se déchaîne de toutes parts.

– La course est dans deux ans. C'est le moment d'avoir sa monture pour bien se préparer. Merci, Jean. Je n'oublierai pas.

*

Le 8 juin, *Rua Hatu* est mis à l'eau devant les amis, quelques mécènes et mes parents très fiers. Ma mère ne peut pas croire que je pars naviguer seul autour de la planète sur un si grand bateau. Ses larmes sont les mêmes qu'en haut de l'écluse de Conflans-Sainte-Honorine, il y a dix ans, lorsqu'elle avait constaté que *Kifouine* était bien trop petit pour affronter toutes les mers du monde.

Pour la première sortie « prise en main », Michel Desjoyeaux s'invite à bord. Par grand soleil et petite brise, ma jeune équipe technique prend ses marques. Matthieu, David, Audrey, Arthur… aucun d'entre nous n'a encore navigué sur un bateau si léger et si toilé. À la barre, j'essaie de détendre un peu l'atmosphère.

– Et moi qui n'ai jamais pris un seul cours de voile de ma vie, dire que ma première leçon a lieu sur mon Imoca, avec Michel Desjoyeaux !

L'équipe rit de bon cœur.

Michel, lui, est à l'aise.

– Sur un soixante pieds, la première chose, c'est la trajectoire. Il faut toujours aller dans la bonne direction, même si ce n'est pas parfait en termes de vitesse. Il vaut mieux te mettre face au vent plutôt que perdre du terrain.

– C'est vrai que le bateau est si rapide, dis-je en me retournant sur le sillage fumant. On a vite fait de faire des dizaines de milles sans s'en apercevoir.

– Exactement ! Le deuxième truc, c'est de toujours avoir un temps d'avance. Tu dois sans arrêt penser au coup d'après. Si tu es dépassé, t'es mort.

Nous enchaînons les changements de direction. Michel est bluffant. Il cherche, teste et trouve des solutions à toutes les situations.

– Mais qu'est-ce qu'il est mal branlé, ce bateau !

– C'est sûr qu'avec son énorme cockpit, on est loin de l'ergonomie de ceux que tu as menés autour du monde.

– C'est ça ! répond-il, moqueur, avant de poursuivre. Tu dois avoir en tête chaque point de ta manœuvre comme un pilote devant la check-list de son avion.

Je note ce qu'il me dit précieusement dans mon carnet et le lendemain nous reprenons la mer pour notre première navigation sans chaperon. Les conditions se dégradent. Le vent fraîchit et quand vient le moment de réduire la toile, je me rends compte que nous n'avons pas mis la trinquette à poste avant de quitter le mouillage. Après avoir complètement abattu, il nous faut une trentaine de minutes pour sortir la voile de la soute avant, connecter les écoutes et la dérouler. Nous en sommes quittes pour une sacrée frayeur et douze milles à remonter au près. Non seulement je ne suis pas allé dans la bonne direction, mais je n'ai pas anticipé. Double erreur de débutant. Pour autant, quelle fierté est la nôtre quand nous rentrons au port ! Nous nous glissons précautionneusement à côté des autres soixante pieds au fond de la marina de Port-la-Forêt. Toutes les équipes techniques regardent du coin de l'œil les petits nouveaux effectuer leur manœuvre d'amarrage. C'est là que Jean Le Cam, qui a vu que j'arrivais un peu vite, se précipite pour pousser le bout dehors et freiner notre approche.

J'entre doucement dans la cour des grands.

*

En mai, je quitte définitivement l'appartement parisien dans lequel je vivais avec mon ex-femme pour m'installer en Bretagne. Je laisse derrière moi une ancienne vie, je m'apprête à écrire un nouveau chapitre, je suis en lévitation. La préparation du bateau et les entraînements occupent tout mon temps. Il n'est plus question de vivre loin du port. Je sors d'un rendez-vous de prospection à La Défense, un énième coup d'épée dans l'eau. De front, j'alterne la recherche de fonds à la capitale et les entraînements dans le Finistère. L'air est suffocant en cette veille de week-end de fête nationale. Ma Honda 750 Four est à sa place sous un pont du boulevard circulaire avec une contravention coincée entre les deux compteurs. Je l'ai garée contre une barrière. Elle ne gêne personne mais Paris ne veut plus de motos sur les trottoirs. Les motards, comme les automobilistes, doivent désormais tourner pendant des heures pour trouver une place de parking réservée aux deux-roues. Je n'ai pas entretenu ma belle de collection depuis longtemps et elle commence à me le faire savoir. La batterie est encore à plat et les pneus sous-gonflés. Je démarre au kick mais le moteur cale sans raison. J'insiste et dans une pétarade old school, je m'apprête à rejoindre le trafic quand une pensée m'arrête net. Combien y a-t-il de kilomètres entre la Défense et la Forêt-Fouesnant, où se trouve mon nouvel appartement ? Je mets pied à terre, j'ouvre ma visière et je tire mon téléphone de la poche intérieur de mon blouson. Cinq cent cinquante kilomètres. Le moteur tourne enfin à bon régime. Il est onze heures. Je n'ai plus de rendez-vous de prospection dans la journée. Plutôt que de rester à Paris en squattant chez des amis avant de reprendre plus tard un train pour rentrer, je me décide. Allez, je pars en Bretagne. Par les petites routes, je devrais arriver à Rennes pour la soirée et chez moi demain après-midi. Dans un Decathlon, je m'achète une paire de lunettes de soleil, une bombe anti-crevaison et de l'eau. Depuis ma rencontre avec *Rua Hatu*, je vis en apnée. Cette escapade est peut-être ma première vraie respiration. Plus je roule et plus je retrouve mes sensations. Sortie des chicanes de la ville, ma Honda devient agile. Le moteur ronronne et la boîte de vitesse n'a jamais été aussi précise. D'un naturel pourtant prudent, je me surprends à attaquer sur les petites routes. Le regard portant loin, parfaitement équilibré, je fais corps avec ma monture. Cette même confiance, je vais la vivre avec mon bateau, j'en suis persuadé. Aujourd'hui, nous sommes étrangers l'un à l'autre, mais demain nous ne serons qu'un.

Fais les choses à ta façon. Commence doucement et accélère au fur et à mesure. Tu vas voir. Essaie, même si cela paraît impossible.

À la sortie de la forêt de Paimpont, le deuxième jour, des grincements sinistres m'imposent un arrêt en rase campagne. Ma roue arrière est bloquée et je n'ai pas le matériel nécessaire pour la réparer. Une voiture s'arrête sur le bas-côté. Le conducteur me confirme qu'il y a un garage à Campénéac, à une dizaine de kilomètres. S'il est ouvert, peut-être pourra-t-on me prêter des outils, même si je doute que mes compétences techniques suffisent et que je sais qu'un garagiste automobile accepte rarement de s'occuper d'un deux-roues. J'atteins le bourg une heure plus tard, sur ma bécane qui laisse échapper d'atroces couinements. Soudain, à la sortie d'un virage apparaît sur la droite une concession Honda. Je n'en crois pas mes yeux. Une quinzaine de motos sont garées devant. Un beau et grand magasin de moto avec un atelier dans ce trou perdu ? Je déploie la béquille et j'extraie ma tête du casque intégral. Un motard se gare derrière moi.

– Bonjour.

Il retire lui aussi son casque et coupe le contact sans me regarder.

– Salut.

– Vous bossez là ?

– Oui, je suis le chef mécano.

– C'est ouvert aujourd'hui ?

– Pas vraiment, c'est férié, mais j'ai du travail en retard.

– Super ! Je crois que j'ai un problème avec le roulement de ma roue arrière.

– Je peux rien faire, désolé. J'ai du boulot par-dessus la tête.

– S'il vous plaît, je ne suis pas du coin. Je vais dans le Finistère.

– Et tu viens de Paris avec ta quatre-pattes ? demande-t-il en regardant ma plaque minéralogique.

– Oui.

Il sourit.

– Quelle année ?

– 1973.

– Bon, je vais regarder. Va bouffer un bout en ville et repasse quand tu as fini.

Après une bière et un jambon-beurre au soleil d'une jolie terrasse, je retourne sur mes pas. Ma Four trône devant la vitrine du magasin. Le mécano vient vers moi en essuyant le cambouis de ses mains dans un chiffon noir d'huile.

– Tu as le cul bordé de nouilles, tu sais ?

– Ah bon ? Pourquoi ?

– Il y a un roulement qui t'attendait depuis les années 1970 sur une étagère. Je ne crois pas en Dieu, mais ça, c'est un miracle.

– C'est pas vrai ?

– Avec la main-d'œuvre, ça te fait quatorze euros, mon pote, me lance-t-il. Pas cher pour un signe du ciel, hein ?

En entrant dans Ploërmel quelques heures plus tard, dans le confinement de mon casque, je murmure :

– La chance sourit aux audacieux, Éric. Avec ton bateau aussi, il y a aura toujours un peu plus de solutions que d'emmerdes sur le chemin.

À la découverte

À peine avons-nous bordé les voiles devant le phare de Penfret, sur les Glénan, que le speedomètre affiche vingt nœuds. Le ton de cette première navigation est donné. Nous sommes en juin 2015, le long des côtes de Cornouailles. Sam Goodchild, un jeune navigateur anglais, est mon professeur. C'est un figariste et donc un solitaire déjà réputé, il évolue entre le pont et le cockpit comme si nous étions à terre, et moi je m'agrippe au roof comme un lièvre pris dans les phares d'une voiture.

Le deuxième jour, la sidération de la haute vitesse ne passe toujours pas.

– C'est dingue comme ça envoie !

Il me répond avec un accent anglais qui parfait son allure de beau gosse.

– Oui, l'Imoca, c'est comme ça. Même sans beaucoup de vent, on est tout de suite à vingt nœuds de moyenne.

– Je suis super impressionné.

– Ces bateaux, c'est un truc de fou ! renchérit-il, hilare sous sa cagoule en néoprène.

– Pendant mon quart cette nuit, j'étais hypnotisé par les vagues qui pulvérisaient consciencieusement le cockpit. Je riais tout seul de me retrouver bringuebalé dans cette situation comme si j'étais possédé.

– Ouais, vent de travers, ça mouille !

– Tu dormais comme un bébé et moi je n'ai pas pu fermer l'œil.

– Je suis habitué, mais pour toi c'est un peu neuf.

– Je n'ai jamais fait ça ! Je suis désolé de ne pas être au taquet, mais j'en prends plein la gueule.

– Tu ne dois pas culpabiliser. C'est de la mauvaise énergie qui te gêne pour penser au coup d'après. C'est normal, tu es en train d'apprendre.

– Tu ne peux pas savoir comme c'est bizarre d'avoir un professeur. D'habitude, je saute dans l'inconnu seul, tout en étant responsable des autres.

– Tu prends les choses dans l'ordre, et ça c'est bien.

– Ça va te faire rire, mais j'ai l'impression de tricher.

– Je ne comprends pas.

– Je ne souffre pas assez. Pour que je sois satisfait, il faut que j'en bave !

Sam ne comprend toujours pas.

– Je sais, c'est tordu.

Il se lève d'un bond, descend sous le vent et choque cinq centimètres de tweaker. Il se rassoit à côté de moi à l'abri du roof et me regarde.

– Mais je suis en train de me raisonner. Je vois bien que notre travail est plus intelligent. Ça fait du bien aussi d'être moins dur avec soi.

– Et puis ton bateau est super !

– J'ai du mal à me dire que c'est le mien. J'ai besoin de l'apprivoiser pour ça. C'est un animal sauvage qui me tolère pour l'instant, mais qui n'attend qu'un faux pas pour m'éjecter.

Sam repart écarter le barber sur l'outrigger. Le bateau accélère d'un nœud. Il revient dégoulinant.

– J'ai un peu peur de t'énerver, quand je pousse avec le bateau.

– Et moi, j'ai peur de t'énerver à vouloir freiner.

Nous nous sourions. Le bateau coupe une vague en deux. Une cataracte d'eau s'écrase dans le cockpit.

– J'ai vraiment besoin de toi pour me préparer au Vendée Globe, lui dis-je, un poil solennel.

– Et moi de toi pour faire la transat Jacques Vabre. C'est un rêve. J'ai beaucoup de chance.

– Il faut que je t'avoue que je crains le moment où je serai paralysé par la peur et où je me dirai « ce n'est pas pour moi » et que tout s'arrêtera. J'ai besoin d'aller crescendo pour garder un peu de contrôle, mais j'ai aussi besoin que tu me pousses.

– Pourquoi tu stresses ? Moi, je visualise sans arrêt dans ma tête tout ce qui peut se passer. Comme ça, je ne suis jamais surpris.

– Et moi, j'imagine seulement le pire.

Au petit matin du troisième jour, je me réceptionne mal en revenant dans le cockpit après avoir passé un ris dans la grand-voile. C'est une entorse à la cheville, une blessure de fatigue. Je suis trop lourd et je n'ai pas la proprioception que ce sport exige. Mon corps n'est pas prêt, il faut que je l'entraîne.

Devant les Glénan, le vent mollit dans la nuit opaque.

– On envoie le grand gennaker, fait Sam.

– T'es sûr ? On ne va pas être trop toilé ? Il y a des cailloux partout.

Nous sommes quasiment arrivés et je n'ai plus la force de naviguer sur le fil avec une voile de trois cent cinquante mètres carrés.

Sam insiste. Je souffle.

– OK, je te fais confiance.

Nous installons l'immense toile et la déroulons. C'est un travail harassant. Je n'ai clairement pas la caisse de Sam. L'Imoca se charge de la puissance du vent, gîte et accélère en douceur.

– Prends la barre, m'intime mon coéquipier.

Je m'installe en grimaçant à cause de ma cheville et j'agrippe le tube en carbone. Après quelques minutes, le visage bleui par la lumière de l'iPad du bord, Sam me dit :

– Tu vois, c'est tout bon.

– Oui, la barre est douce. Le bateau est équilibré.

– Si on a le moindre problème, on peut dégager en abattant dans le nord dans deux directions. Là et là.

Il pointe deux zones bleues étroites entre les rochers sur la carte de la tablette.

Les feux d'un petit bateau de pêcheur s'écartent humblement. Au ras de l'eau, les cinq cents mètres carrés de toile déployés dans l'ombre doivent être spectaculaires.

Performance collective

Dès le début, avec Sam, nous mettons en pratique ce que j'ai appris sur mes précédentes aventures. Je choisis ce jeune Anglais de vingt-quatre ans qui n'a jamais navigué en Imoca comme co-skipper sur la Transat Jacques Vabre, l'étape clé de ma préparation au Vendée Globe. Pour me former, j'avais d'abord en tête un homme d'une cinquantaine d'années, un vétéran du Vendée Globe. J'ai commencé à le chercher mais je me suis vite ressaisi. Grâce aux leçons apprises sur *Kifouine*, avec le Défi Intégration et Team Jolokia, j'ai compris que c'était ma peur seule qui avait dessiné ce portrait-robot censé me rassurer. Il ne me fallait ni un mâle alpha ni un ancien coureur, mais plutôt une personne prête à me transmettre ses compétences. Toujours cette fameuse ressemblance invisible.

Et il s'avère que Sam est le partenaire idéal, qui ne déclarera pas la guerre des ego. Élevé à bord d'un voilier dans la Caraïbe, il n'a pas été pollué par la compétition de l'école. Sam, c'est un pur. Il a été très clair sur sa motivation. Il veut courir la Jacques Vabre en soixante pieds et pour cela, il est prêt à m'aider dans mon projet. Le deal est limpide. J'ai appris avec mes différents équipages que viser un objectif de performance, c'était se rassurer contre la peur du vide. On ne peut connaître son potentiel avant de l'avoir révélé. J'ai compris qu'il faut se concentrer sur l'harmonie en commun, là où chacun est aligné, et donner son maximum, chacun à sa façon. En faisant cela, « the sky is the limit » ! Je fais souvent la comparaison avec l'archer qui ne se concentre que sur la qualité de son geste en ignorant la cible. Il sait que si le geste est parfait, la cible sera atteinte. C'est la même chose avec l'humain. C'est la différence entre la performance immédiate et la performance harmonieuse. Cette dernière est plus dure à atteindre mais plus durable.

Notre bateau est vieux et nous sommes l'équipage le plus inexpérimenté de la course. Là où nous pouvons faire une vraie différence, c'est sur notre entente. Notre collaboration doit être la meilleure, tous concurrents confondus.

Dès l'annonce de leur participation à la transat en double, les coureurs au large ont comme objectif principal d'accumuler de l'expérience pour acquérir des automatismes, dans les manœuvres notamment. Nos voisins de ponton multiplient les sorties quand nous, nous délaissons la Bretagne pour Paris. Nous nous faisons coacher par Lydie Lemaire, une psychologue avec qui je travaille depuis la fin du Défi Intégration. Matthieu et l'équipe technique ne comprennent pas que nous n'allions pas en mer alors que le bateau est prêt et que nous manquons cruellement d'entraînement. Cela surprend également Sam, mais dès la première séance, il comprend les bénéfices de la démarche. La priorité des priorités, c'est de nous faire confiance. Aucun travail technique ne peut commencer avant. Pour nous découvrir l'un l'autre, il y a du chemin à parcourir parce que nous sommes très différents. Lui est un régatier professionnel promis aux podiums prestigieux et moi un marin aventurier qui fait tout à l'instinct. En nous racontant nos fragilités et nos objectifs intimes, nous établissons un cadre dans lequel nous nous épanouirons tous les deux. Le jour du départ de la course au Havre, nous sommes deux alliés à la vie à la mort.

La première semaine est une lutte contre un mauvais front qui balaie l'Atlantique nord. La course a failli être décalée pour laisser passer le monstre météorologique. Nous faisons le gros dos dans l'arrière du peloton. Sam sait que mon budget ne peut pas me permettre de casser le bateau : notre premier objectif est d'arriver en un seul morceau au Brésil.

Durant les deux premières semaines de course, nous ne visons donc que notre performance collective. À quoi sert que Sam accélère seul, si je ne peux pas suivre ? Nous nous accordons, nous nous complétons. Sam me fait aller vite et peut-être que je lui apprends à freiner ?

À la sortie du Pot-au-Noir, mystérieuse zone intertropicale où le vent est plus qu'erratique, Sam me réveille d'un repos sans sommeil. Depuis le début de la course, je suis trop anxieux pour dormir. J'ai même des hallucinations. À certains moments, je suis persuadé que nous sommes trois à bord. Il m'arrive d'aller prendre mon quart en maudissant ce troisième équipier qui ne fout rien ! À Gonzague qui appelle régulièrement sur le téléphone satellite, je confie que tous les trois nous allons bien.

– Allez, on envoie le spi, lance Sam.

– J'arrive.

J'ai du mal à me lever du fatboy qui nous sert de lit dans un coin du carré. Dehors, le vent souffle fort. Nous sommes entourés de nuages menaçants et la nuit va bientôt tomber. Je ne le sens pas. Je suis exténué.

– Attends, Sam, je retourne à l'intérieur. Je veux vérifier ce que dit le routage.

Sam, les traits tirés, souffle d'exaspération. C'est la première fois. De retour dans le cockpit, je note qu'il a déjà préparé la manœuvre.

– Nous devrions envoyer plutôt le gennaker. L'angle n'est pas bon pour le spi.

– Je ne suis pas d'accord. Tu as peur de mettre le spi, c'est tout.

– Non, regarde le routage, ça ne le fait pas.

– Tu peux le lire comme tu veux, le routage. Moi je te dis que maintenant c'est le grand spinnaker qu'on doit mettre.

Je n'avais jamais vu Sam en colère.

– OK, on y va mais je pense que c'est une erreur.

Nous hissons la longue chaussette du spinnaker. Je suis furieux parce que je sais que nous allons être trop toilés et qu'en plus nous ne voyons plus rien. Cette voile est volage et fait quatre cent vingt mètres carrés. Sam va aller dormir et moi je vais barrer la trouille au ventre.

Dans un claquement sonore, l'immense voile se gonfle et nous propulse à pleine vitesse dans la nuit. Le vent fraîchit encore dans les grains et bientôt nous dépassons la limite des vingt nœuds que nous nous sommes fixés avant le départ.

– Sam ! Il y a vingt-cinq nœuds. Il faut affaler !

Mon coéquipier sort en short. La lumière rouge de sa frontale éclaire son visage encore crispé. Il évite mon regard.

Nous étouffons les quatre cent vingt mètres carrés de voile dans la chaussette sans un mot et attendons la fin du grain qui ne viendra pas de toute la nuit.

Au petit matin, le vent a molli et le spi vole, sublime, dans un ciel dégagé. Je rejoins mon partenaire concentré à la barre.

– Je suis désolé pour hier, Sam.

Il m'observe sans rien dire, les yeux cernés par trois heures de pilotage. Je continue.

– Je n'ai pas osé te dire que j'avais peur de mettre le spi. Je me sentais trop fatigué et dépassé. Pour ne pas l'avouer, j'ai préféré mentir. Olivier Brisse, mon aveugle préféré, ne faisait pas mystère de ses fragilités. J'ai encore du chemin à parcourir pour ne pas trahir l'équipe avec mon ego encore mal raboté et la servir au maximum de mes capacités.

Sam se tourne vers la mer.

– Merci de me le dire. Moi aussi j'étais fatigué et je me suis énervé. Je n'aurais pas dû. Pardon.

Nous nous serrons la main chaleureusement. Une grande émotion m'envahit. Que serait devenue notre relation si nous n'avions pas effectué notre travail en amont de la course ? Jamais je n'aurais pu lui parler de ma fragilité. Nous serions rentrés dans le cercle vicieux d'une compétition malsaine pour impressionner l'autre. Je n'aurais jamais pu suivre et nous aurions très probablement cassé le bateau. Nous aurions alors perdu tous les deux. Sam n'aurait jamais fini sa Jacques Vabre après trois tentatives et mon projet de tour du monde aurait été mis en péril.

Après dix-neuf jours de course, nous sommes en passe d'arriver septièmes sur les vingt et un concurrents de notre classe. Il ne reste plus qu'une quinzaine de milles à parcourir dans la chaleur moite du Sud Brésil. Le ciel est plombé et l'eau marron. J'appelle la direction de course par radio.

– Transat Jacques Vabre pour *Commeunseulhomme*.

– Oui, *Commeunseulhomme*, je te reçois.

– Nous serons sur la ligne d'arrivée dans une heure.

– Parfait, nous vous attendons.

Sam a enclenché le pilote et me rejoint à côté de la table à carte.

– Je crois que ça va le faire, mec.

Fabrice Amedeo et Éric Péron, nos concurrents directs, sont loin derrière. Ils ne peuvent plus combler leur retard désormais.

– Oui, je crois aussi.

– Septièmes !
– C'est génial.

Nous nous prenons maladroitement dans les bras.

– Merci, mec.
– Merci, me répond-il.

La coupe du vainqueur prendra certainement vite la poussière, ça ne sera pas le cas de notre amitié. Nous atterrissons au Brésil avec le plus beau des trophées.

Les membres de l'équipe, Matthieu, Gaël, David et Robert sautent à bord et n'en reviennent pas de cette performance inespérée. Ils nous charrient.

– Ce n'est pas possible, c'est Sam qui a tout fait tout seul ?
– Non, c'est nous deux, réplique Sam. C'est cinquante cinquante.

Nous fêtons notre place inespérée dans un bar d'Itajaí près de l'hôtel avec toute l'équipe. Je passe la première commande quand mon regard est happé par les écrans de télévision qui trônent sur la terrasse de l'établissement.

– C'est des images de Paris, ça ?
– Je crois, me glisse Matthieu derrière moi.
– Il y a eu un attentat, on dirait.

– Merde, c'est République. C'est mon quartier, s'écrie Robert en brandissant son téléphone. Mon fils doit être dehors à l'heure qu'il est.

– C'est le Bataclan ! Je n'en crois pas mes yeux.

Une chape de plomb s'écrase sur tout le village de la course. Notre joie est irrémédiablement douchée. Nous ne disons rien mais nous ne pensons plus qu'à une chose, tout faire pour rentrer le plus vite possible. À bout de fatigue, de stress et maintenant de tristesse, je n'arrive pas à me dire que, de mon côté, il va falloir que je rentre en solitaire afin d'assurer ma qualification pour le Vendée Globe. Il nous a fallu dix-neuf jours à fond pour descendre du Havre jusqu'au Brésil. Combien de temps vais-je mettre pour remonter ? Au pied du mur, je ne peux plus faire demi-tour. Mon état inquiète Sam et Matthieu. Sur leur conseil, j'embarque David Treguier, un équipier, pour remonter la côte brésilienne jusqu'à Recife.

Au près pendant une semaine, cette navigation est un véritable calvaire. Je suis incapable de dormir et mon anxiété culmine à un paroxysme inconnu. Je ne me suis pas assez reposé. J'ai fait une connerie. Sur mon coude droit se développe un hygroma, une grosse bosse rouge et douloureuse. Le seul traitement selon Jean-Marc, mon médecin, c'est le repos complet. Dévasté, je débarque finalement à Recife et je confie le bateau à mon équipe qui le ramène en Europe. Pour moi, cette année 2015 est un échec cuisant. Comme toujours, en voulant paraître fort, j'ai mis en danger le travail de l'équipe. En travaillant tellement ma relation à l'autre, j'ai oublié de travailler ma relation à moi-même. Je ne suis qu'un étranger à mes propres yeux.

Nous amarrons le bateau à la maison le 18 décembre après un convoyage de trois semaines. Matthieu range seul les amarres sur le ponton. Je saute du pont pour le rejoindre.

– Tu ne peux pas savoir comme je suis soulagé que le bateau soit là. Je vais enfin pouvoir souffler. Je n'en peux plus.

Il s'approche de moi, un sourire gêné.

– Ce que je vais te dire ne va pas te plaire, je suis désolé.

Mon cœur s'affole. Je m'assois sur la malle à outil.

– Vas-y, je t'écoute.

Matthieu se glisse à ma gauche sur l'imposant meuble en métal.

– Je voulais attendre que le bateau soit rentré pour te le dire. (Il prend une grande inspiration et me regarde droit dans les yeux.) Je ne continuerai pas à travailler pour toi l'année prochaine.

– Quoi ? Mais ce n'est pas possible !

Je perds mon meilleur atout pour aller jusqu'au bout.

– Tu m'as cramé. Je n'en peux plus. J'ai besoin de faire un break. Je subis trop de pression.

– Pourquoi ? Explique-moi ! On est tous usés. L'année a été très dure pour tout le monde.

– Il y a plein de petites choses qui en s'associant ne me donnent pas envie de continuer.

– Comme quoi ?

– L'amateurisme du projet. Gaël, le chef de projet, en qui je n'ai aucune confiance.

– C'est vrai, Gaël s'est laissé dépasser, mais Fabienne Lemaignen est la nouvelle directrice du projet. Elle sera là dès le 1er janvier. Tu vas voir, c'est une pro.

– Je sais, mais il y a aussi le fait que tu te sois arrêté. Je doute de toi.

C'est un coup de poignard. Moi aussi, je doute de moi.

– Je comprends, dis-je en baissant la tête.

– Tu as mis le bateau en danger en prenant la mer dans ton état.

– Je suis en train de redresser la barre, Matthieu, mais je comprends. Je n'ai pas su te protéger. Je suis désolé.

– Tu peux compter sur moi pour rester le temps de trouver un remplaçant.

Il me tape l'épaule, gêné.

– Je te remercie. Joyeux Noël.

– Joyeux Noël, me glisse-t-il en remontant l'escalier de la panne.

Je pars en Australie le moral à zéro pour trois semaines de kitesurf avec quelques proches, dont Simon Treolar, un vieux pote australien. Il a fallu tout le tact de Thierry Willieme, un ami qui m'aide à trouver des mécènes, pour que je me décide. Ce sport est le chargeur efficace de mes batteries internes. J'ai retenu la leçon de Frank Bruno, mon ami corse. Quand je me fais tracter par les cerfs-volants, je ressens les petites diodes de mon énergie qui passent du rouge à l'orange, puis de l'orange au vert.

Je reviens à la mi-janvier avec l'envie farouche de transformer ces déboires en opportunités. La démission de Matthieu est un électrochoc salvateur. Lydie m'accompagne plus que jamais dans une vaste remise en question. Je peux aussi m'appuyer sur Fabienne Lemaignen pour délaisser les chapitres « communication et administratif » qui m'ont beaucoup trop accaparé l'année dernière et me consacrer à l'aspect maritime de l'aventure. Il est grand temps, car le Vendée Globe est dans neuf mois. Je veux m'en donner les moyens. Tout ce que j'ai appris dans le passé va me servir. Je crois fermement que c'est par l'autre qu'on se redécouvre.

Jour après jour, Matthieu perçoit le changement et semble revivre. Il reprend sa démission et me confie en février qu'il est lui aussi plus reposé et plus confiant en l'avenir du projet. Nous repartons sur des bases saines.

Intermezzo #6

*Novembre 2019, îles Marquises, à bord d'*Ahoy.

Une nuit, Steeven a organisé une fête pour l'anniversaire d'un skipper danois. Les Scandinaves voulaient le faire boire. L'alcool n'a jamais rendu les hommes intelligents. Il est guerrier marquisien, ils sont vikings… Il a refusé plusieurs fois poliment mais, à la fin du repas, il n'en pouvait plus et, de rage, il a désintégré la table sous les yeux médusés des convives. La passerelle entre les deux mondes était brisée. Il a brûlé les restes sur la plage le soir même pour que tous les bateaux en soient témoins.

Je n'écoute plus les déboires de notre hôte depuis que j'ai compris que l'eau du thé qu'il vient de m'offrir a été prélevée sur ses ultimes réserves. Il nous a bien montré son jardin. Les plantes se meurent. Les animaux ont soif. Lui ne s'accorde que deux cafés par jour et il les partage avec ses animaux qui viennent s'abreuver directement dans la tasse. Steeven nous a donné ce qu'il a de plus précieux. Je me sens misérable.

– J'ai honte de ne pas avoir apprécié ton thé à sa juste valeur et de ne pas te l'avoir montré, lui dis-je en l'arrêtant. (Je le regarde droit dans les yeux.) Merci.

Visiblement touché, il me répond :

– Tout ce que j'attends en retour, c'est un beau sourire.

Est-ce que je souris assez à Steeven ? J'ai si peur de le blesser. Je me sens si rustre. Comment ne puis-je pas voir ce qui est pourtant évident ? J'ai encore tant à apprendre sur la relation à l'autre. C'est un travail sans fin. Combien de fois vais-je encore être le complice inconscient de la disparition d'une table comme celle de Steeven ? Et ma propre table à moi ? En quoi l'ai-je construite ? Et combien de fois ai-je voulu la brûler ?

Steeven ne serait-il qu'un autre moi-même ? Court-il, lui, libre et nu dans la forêt, comme Gérard Janichon m'a conseillé de le faire ? Même si j'ai du mal à le comprendre, ne me montre-t-il pas, lui aussi, un chemin vertueux que je pourrais emprunter ? Qu'éprouverais-je alors, moi l'Occidental qui croit avoir tout vu, tout connu, engoncé dans des comportements de nanti ? Qu'un homme des îles qui n'a pas sillonné la planète comme j'ai pu le faire, qui ne vit que d'échanges et de troc, a mieux compris le sel de l'existence et de l'humanisme ? Peut-être.

LIVRE CINQUIÈME

Comprendre le sens de sa vie
ou s'écouter en écoutant les autres

– C'est moi ou il a rapetissé, ce bateau ?

Rua Hatu vient juste d'être remis à l'eau et, après une longue journée de travail, je prends du recul, les mains sur les hanches. Julien, notre mateloteur, lève la tête de son épissure et plisse les yeux dans le soleil de mai.

– Non, mais c'est bon signe, c'est toi qui as grandi.

Le bateau est désormais prêt pour une semaine de navigation en solitaire, ma toute première expérience en solo. Six mois après mon abandon à Recife, je vois mes équipiers débarquer religieusement sur le semi-rigide que Matthieu pilote, collé au tableau arrière. Ça y est, je suis enfin seul sur cette gigantesque machine.

Tout à l'heure, Matthieu a décelé une anomalie sur le vit-de-mulet, cette pièce clé qui relie la bôme au mât. J'ai soufflé pendant quelques minutes parce que l'inévitable saut dans le vide allait peut-être devoir être repoussé. Au fond de moi, j'ai espéré que ça soit grave. Puis, quand mon directeur technique a confirmé que la pièce était à changer mais qu'elle tiendrait encore le coup le temps de ma qualification, je me suis résigné. C'est maintenant et c'est bien.

À bord d'*Interceptor*, notre tender, toute l'équipe me suit pendant une vingtaine de minutes, le temps que je déroule le génois et que je m'élance vers le grand large. Malgré mon stress, je perçois leur inquiétude. Il faut que je boucle cette semaine de navigation pour que l'aventure continue.

Comme un funambule sur son fil, j'avance pas à pas en me concentrant uniquement sur ce que j'ai à faire. Je dois parcourir près de trois mille kilomètres en solitaire. D'après les prévisions que j'ai téléchargées avant de partir, cinq jours environ me seront nécessaires. Je ne connais pas encore l'issue de cette qualification, mais je sais que j'ai fait le plus dur en acceptant de partir. Je suis heureux d'avoir pris cet incroyable risque. La vie n'en offre pas tant. Lentement, je gravis un autre col menant à mon Everest, alors que je les pensais tous infranchissables.

La deuxième nuit, je manœuvre en catastrophe pour éviter de justesse un cargo qui me coupe la route au large du cap Finisterre. La troisième nuit, je suis en train de dormir quand le bateau, sous code zéro, l'une des plus grandes voiles du bord, est surpris par une survente et se couche sur la tranche. Je me précipite, encore groggy, je choque l'écoute dans un grincement dantesque et je roule l'immense voile.

Si je commence à me détendre, je n'arrive pas encore à dormir en restant connecté au bateau. Le sixième jour, sur le chemin de retour vers la Bretagne, le grand voilier n'est plus un endroit de maltraitance mais de jouissance. *Rua Hatu* taquine les vingt nœuds de vitesse. Je ne joue plus au navigateur, je le deviens.

Lorsque je reviens, *Interceptor* est dans la baie de Port-la-Forêt avec toute l'équipe à son bord. Ils hurlent de joie. Je les filme avec ma GoPro. Mon bonheur est indescriptible.

Quand nous amarrons *Rua* au ponton, la qualification pour le Vendée Globe en poche, Michel Desjoyeaux, dont les bureaux sont tout près, passe sur le ponton.

– Alors ? me demande-t-il.

– C'est quand même le truc le plus aberrant que j'ai fait de toute ma vie. (Il rit.) Et pourtant, j'en ai fait pas mal !

– Tu vas voir, ce n'est pas fini. Ça tient du mythe de Sisyphe, ces histoires-là.

Il s'éloigne et je pense à Camus. Il faut imaginer Sisyphe heureux... Suis-je heureux ? Même si j'ai peur, même si je souffre, je réalise mon rêve. Je me déconnecte avec une joie étrange que je n'ai pas connue depuis longtemps. Il me faut du temps pour la reconnaître. C'est l'état d'esprit qui était le mien à bord de *Kifouine* pendant ce que je considère être les plus beaux jours de mon existence. J'étais à ce moment-là plein de doutes mais aussi plein de vie. De nouveau, je me sens aujourd'hui extraordinairement vivant.

Enfin dans la course

Sur le village du Vendée Globe dressé au fond du port des Sables d'Olonne, je me prête avec plaisir au jeu des journalistes et du public. Ils veulent des photos, des selfies, des autographes et je ne me fais pas prier. Après deux ans de travail dans la solitude de Port-la-Forêt, le contraste est fort. Je souris et je me sens passablement heureux, même si pas tout à fait comblé. Être au départ de cette course mythique était pourtant mon objectif. Mais à la seconde même où j'ai amarré mon soixante pieds sur le ponton d'honneur – et donc atteint ce que j'avais promis à tous mes mécènes –, la donne a changé. Je veux désormais finir la course. Il sera alors temps de remercier, dans l'ordre ou dans le désordre, les miens, mon bateau et peut-être moi-même. Pour l'instant, j'en suis incapable.

Les visiteurs passent devant *Rua Hatu* et se demandent ce que peut bien vendre la marque COMMEUNSEULHOMME. Il n'y a rien à acheter, seulement une pensée complexe à intégrer dans un monde qui veut tout simplifier. Vivre heureux, créatifs et performants avec nos différences ne peut être résumé dans une baseline de communicants. Cela prend du temps de parler de la complexité des femmes et des hommes. J'ai trois mois pour expliquer ma démarche. Oser la différence, faire confiance, innover grâce à la contrainte, viser l'harmonie et pour finir remercier.

Le matin du 8 novembre 2016, une petite fenêtre de rappel du calendrier s'affiche en haut à droite de mon MacBook quand je l'allume pour télécharger les derniers fichiers météo. À côté du petit réveil, juste deux mots : Vendée Globe. J'avais noté la date lors de la première réunion des skippers en 2014. C'était à l'époque plus un fantasme qu'un objectif. Je n'avais ni bateau, ni équipe, ni expérience. J'ai abandonné un million de fois et je me suis relancé un million et une fois. Je ferme la fenêtre et je revêts les couches techniques qui ne me quitteront pas jusqu'au sud de Lisbonne. Dehors, la foule est déjà compacte le long du chenal.

C'est bientôt à mon tour d'y aller. Le public et les journalistes remontent le ponton avec les officiels pour saluer les skippers une dernière fois. À la suite d'Yves Auvinet, le président de la région, et du prince Albert II de Monaco, la foule s'approche de moi. Devant l'étrave de *Rua Hatu*, Jean-Pierre Dick a déjà largué les amarres et lance un dernier regard tendre à ses proches. Mon équipe pilote la manœuvre. C'est le règlement, je dois rester sur la plage pour saluer les trois cent cinquante mille personnes qui se sont massées de chaque côté de la longue jetée. Dans le virage à gauche qui découvre neuf cent mètres plus loin le grand large, l'immensité de la montagne que je m'apprête à gravir m'apparaît soudain.

Et si j'étais en train de faire la connerie de ma vie ?

*

À quatre pattes dans le cockpit assailli par les vagues, je vomis ma peur. Impossible de fermer l'œil depuis trois jours. À quoi bon continuer, si c'est pour vivre la boule au ventre ? Si seulement je pouvais dormir ne serait-ce qu'une seconde pour appuyer sur la touche « Reset » de mon cerveau. Salvador Dalí dormait assis, une lourde clé à la main, pour ne pas perdre plus d'une seconde de création. À la seconde où il s'assoupissait, le lourd objet lui glissait des mains et l'impact sur le sol le réveillait.

– Mais arrête, putain !

Pour exorciser ma trouille, je pousse des hurlements. Je suis censé prendre du plaisir et je me morfonds comme un con. Je devrais être sous grand spinnaker mais je n'en ai pas la force. Mes concurrents filent plein sud et moi je ferme quasiment la marche à faible allure.

– Tu ne vois pas que t'es trop crevé pour porter le grand spi ?

Je me tape le front avec le plat de la main.

– T'es idiot ou quoi ?

Toujours la même chanson.

– Mais arrête de te comparer aux autres, bordel !

Je me fais des nœuds à l'estomac pour rien. Je veux m'affranchir du regard que je pose sur moi. Je le refuse ! Je l'exècre !

– Alors vas-y, merde !

Je souffle profondément. Gueuler me fait du bien. Allez, aujourd'hui, c'est le grand virage si je le décide. À partir de maintenant je profite. Le Vendée Globe, c'est le changement de vie que j'attendais.

– C'est ça ! Fais-le à ta sauce. Et concentre-toi sur le principal : le bateau.

Je choque vingt centimètres d'écoute de gennaker et autant d'écoute de grand-voile. Le bateau semble prendre une grande inspiration et accélère. Je scrute le mât, trente mètres plus haut.

– Tu te marres bien, toi, là-haut ? Ça te plaît de me regarder me battre contre mes démons ?

Le speedomètre accélère encore. Le bateau sait ce qu'il a à faire et se fout du reste.

Encore une nuit vierge de sommeil. Sous la lune, un grain sombre nous attrape par bâbord. L'anémomètre passe en quelques secondes de vingt à trente nœuds. Je ne sais pas pourquoi, cette fois, je ne me précipite pas pour soulager la pression dans les voiles. Le gréement, les écoutes et le mât se tendent dans un claquement sec et la longue coque en carbone se cabre. L'étrave plante dans la mer et la laboure en expulsant de chaque côté des gerbes énormes. Le pilote automatique hésite. Je ne respire plus. Trois « bzz-bzz » de vérin claquent et trois secousses sèches comme la réplique de la foudre à l'éclair. La main sur l'écoute, je me retiens de choquer.

– Attends encore. Laisse filer.

Mes yeux se fixent sur la lumière verdâtre des écrans de contrôle. De la main droite, je cherche mon pouf derrière moi pour m'asseoir. Le bateau vole sur la tranche et pulvérise la mer. À cette vitesse, peu de chance d'avoir les bons gestes si quelque chose foire, mais le bateau semble avoir le contrôle.

– Non, non, non, non !

Je me suis assoupi.

Dans le carré faiblement éclairé par les leds des instruments électroniques, j'implore mon bateau pour qu'il redresse sa course. Trop tard. En une seconde, mon univers se catapulte à quatre-vingt-dix degrés. Le soixante pieds a empanné sauvagement. Je m'endors et voilà la catastrophe tant redoutée. Avec précaution, je m'extrais de ma banette car le sol est maintenant quatre mètres plus bas. Dehors, la cathédrale de voile est plaquée au ras de l'eau noire. Le grand gennaker gît à contre et la grand-voile ploie dans la bastaque. Le cockpit est sous la mer. Tout est atrocement calme.

– Allez, du bon sens !

Il faut libérer la quille, basculée désormais sous le vent avec les cinq cent kilos de voile et de matériel, mais je n'y vois rien.

– Va mettre tes chaussures et trouve de la lumière. Non, pas besoin du gilet, tu n'iras pas sur le pont. Au pire, il est là sous la main si besoin.

Dans le faisceau de ma lampe frontale, je choque sous l'eau la bastaque avec précaution et j'appuie sur le bouton « Release » du boîtier de quille. Le bateau se redresse et repart mais je n'ai aucun repère sur la direction du vent. Les trois cent mètres carrés du gennaker se regonflent dans un claquement redoutable. Les voiles sont en ciseaux, ce qui veut dire que nous sommes plein vent arrière.

J'ai en tête la leçon de Mich' Desj'. Surtout accélérer pour empanner la grand-voile sans casser les lattes en carbone. Vlam ! La grand-voile passe avec fracas. J'ai pourtant tout fait pour tirer la barre le plus doucement possible. Le bateau reprend instantanément sa course folle, mais le pilote ne répond plus. Dans la précipitation, j'ai fait une bêtise de débutant. J'aurais dû vérifier la raison de l'empannage avant de renvoyer le bateau en marche. Résultat, je suis coincé à la barre sans possibilité de faire autre chose et le vent souffle toujours à vingt-cinq nœuds. Tout en surveillant du mieux que je peux mon cap, je me contorsionne sous le tableau arrière pour trouver ce qui a bien pu se passer. Le témoin d'angle de barre tribord est cassé. C'est lui qui a donné l'ordre au pilote automatique d'empanner sans prévenir.

Les boutons pour passer sur le système de secours sont à l'intérieur du bateau. Pourvu que le deuxième angle de barre soit en état de fonctionner. J'attends la bonne vague pour lâcher la barre et bondir à l'intérieur enclencher les deux gros switchs noirs. Le deuxième pilote prend la main mais imprime trois grandes embardées à notre route. La possibilité d'un deuxième vrac me glace le sang. Une main sur la barre, les yeux sur le compas, je reprends un à un les réglages sur les écrans de contrôle. La trajectoire devient plus fluide. Nous sommes bientôt hors de danger. Je peux enfin lâcher le gouvernail et essayer de dormir un peu.

Au petit matin, le dernier tournevis trouve sa place dans la boîte dédiée à l'électricité et l'électronique. Je referme la trousse à outils et je la cale au vent, là où je peux toujours la sortir en urgence. Le pilote principal fonctionne à nouveau et je n'en suis pas peu fier. J'ai prouvé que je savais répondre à une situation critique. Je ne suis pas un imposteur, mais un marin à la hauteur. J'ai ma place parmi ces vingt-huit autres skippers.

J'apprends tous les jours quelque chose au plus profond de mes tripes. Mon cerveau est embrumé, seul mon ventre fonctionne. L'information ne passe pas par le cerveau. Je dois être heureux, mais il faut me secouer fort pour que j'en prenne conscience. Mon corps est opérationnel et le bateau en parfait état. Je peux encore continuer. Arnaud Boissières, l'un de me proches concurrents, s'échappe devant sous grand spinnaker. Je le vois hisser la toile colorée au loin sur tribord, la mort dans l'âme. Je ne suis pas en capacité de vivre la tension que procure le spinnaker. Arnaud dispute son troisième Vendée Globe, je ne suis qu'un néophyte. Je ne dois pas confondre la paresse avec le respect de moi-même. Dominer ses démons est une aventure autrement plus dure que de traverser les océans.

Ce matin, Tanguy de Lamotte, un autre concurrent, a cassé sa tête de mât. Dans ma grotte, assis sur mon pouf, je lis l'e-mail de la direction de course signifiant son abandon. Je l'appelle, comme je le ferai avec tous ceux qui ont abandonné. Écouter surtout, la tristesse, les pleurs parfois, les regrets souvent. Comprendre, soutenir, compatir. Ces quelques mots qui ne sont que des platitudes certainement mais qui viennent quand même réchauffer le marin meurtri.

De l'autre côté du miroir

Il est vingt heures et la nuit tombe sur le vingt et unième jour de course. Au près dans un vent qui maugrée, je suis crevé et abattu. L'histoire s'arrête là.

J'ai toujours trop peur de me faire dépasser par le bateau. Je ne peux pas m'arrêter de pleurer. En étant si fragile, il n'est plus question d'aller naviguer dans l'océan austral. J'ai visé trop haut. Depuis quinze ans, je ne cesse de me fixer des objectifs démesurés. Jusque-là, j'ai réussi à m'élever comme je pouvais, mais il y a un moment où ça ne passe plus. Ce moment, il est là, maintenant. En équipage, j'ai toujours su mentir sur mes peurs et les repousser, il me suffisait de confier la tâche qui me terrorisait à quelqu'un d'autre, tout en me persuadant que je serais capable de l'accomplir s'il le fallait. En solitaire, je suis obligé d'affronter seul mes dragons.

Je passe plus de temps à imaginer ce que les autres pensent de moi, ou ce que je pense de ce que je devrais faire, qu'à faire mon métier de marin. Ça me pourrit la vie. Je dois trouver mon propre rythme, ne pas le calquer sur les autres, accepter de prendre le temps, de ralentir un peu.

Ce Vendée Globe ! Celui-là, c'est le mien, j'en fais ce que je veux. Et j'emmerde les autres. Ceux qui me critiquent, me jaugent et me jugent, qu'ils aillent le faire, eux, le tour du monde en solitaire. Cette réflexion s'instille dans mon esprit et me réconforte.

Pour la première fois depuis le début de la course, je parviens à dormir deux heures d'affilée. Le lendemain matin, la peur est toujours là, incrustée au cœur de mon ventre, mais quelque chose a changé. À treize heures, je vire direction plein sud. Je décide d'éteindre mon ordinateur quand je me repose et de ne plus regarder les classements que deux fois par jour. Je ne me compare plus. Je comprends combien ce tiraillement entre plaire à la terre et être en mer me tue à petit feu.

Et puis Jean-Marc Le Gac, mon médecin, m'écrit lui aussi. Ces mots ont la douceur relaxante du réconfort et l'âpreté délicieuse de la franchise. « Oui, Éric, tu peux abandonner. Tu as pris le départ, c'est déjà extraordinaire, toi le marin amateur. » Il m'est désormais possible d'imaginer l'abandon froidement, comme si la porte toujours fermée était grande ouverte et que, me tenant sur le seuil, je pouvais contempler le monde devant moi. Mais abandonner, cela voudrait dire aller au Cap, engager un autre marin pour convoyer le bateau avec moi jusqu'en Bretagne pendant plus d'un mois. Et après, ce serait affronter mon visage tous les matins devant la glace : Quel con ! Pourquoi n'as-tu pas juste essayé ? Pourquoi ne t'es-tu pas accordé ce que tu as toujours donné aux autres : le bénéfice du doute ?

Là, seul dans mon bateau aux portes du Grand Sud, je sais que je suis coincé. Ou plutôt que je n'ai plus le choix : il faut que j'aille voir ce qu'il y a derrière, sinon je vais gâcher ma vie d'homme.

Le soir, lancinante, l'envie d'abandonner me retombe pourtant dessus comme une marmite de plomb fondu. Arrivant dans mon ouest, une tempête s'apprête à se jeter sauvagement sur moi. Elle se déploie sur l'écran d'ordinateur comme une gigantesque déferlante orange et violette. Ce sont les couleurs que le logiciel a choisies pour symboliser les vents supérieurs à quarante nœuds.

Mais qu'est-ce que je fous là, alors que je pourrai être tranquillement chez moi au chaud à jouir de la vie ? Je suis ainsi fait qu'aujourd'hui encore, je me raccroche à cette pensée lorsque les conditions, quelles qu'elles soient, se durcissent : Mais mon gars, réfléchis : si tu étais chez toi, vautré dans ton canapé sans rien faire, est-ce que tu ne préférerais pas être ailleurs ? Si, et la réponse est toujours la même : je voudrais être ici. Pour atteindre de nouveaux territoires intimes.

Dans la nuit du 2 décembre, la dépression est sur nous. Il n'y a personne pour rire jaune avec moi des surfs insensés dans lesquels le soixante pieds part en survitesse. Des particules d'eau de mer atterrissent jusque dans ma bannette, malgré les rideaux de protection en plastique déroulés sur les portes. Jamais la coque en carbone n'a sifflé et tapé aussi fort. Comme la caisse de résonance d'un instrument à corde, elle transforme chaque vibration en onde assourdissante. *Rua Hatu* touche enfin à cet océan austral pour lequel il a été pensé il y a huit ans, et moi je cherche en vain le moyen de dormir dans la brise puissante et cette immensité qu'il me reste à courir.

Le jour finit par se lever sur un ciel pur. Sous grand-voile à trois ris et trinquette, sa plus petite voile d'avant, le bateau porte la toile du temps. Les ris sont parfaitement ferlés. Chaque bout est lové comme il faut dans sa baille. Tout le matériel est soigneusement amarré au vent mais je sens que j'en veux plus encore. Que penserait mon père de tout cela ? Il prononcerait probablement sa phrase fétiche : « Qu'est-ce que tu peux faire de mieux, Éric ? »

De ces mots automatiques prononcés pour me pousser à m'améliorer me viennent à la fois le goût des défis et l'insatisfaction chronique qui m'empêche de me remercier. Mon père ne se moquait pas de mes progressions, il gardait sa fierté pour lui. En bon guerrier de la vie, il ne pouvait me transmettre que ce qu'il avait lui-même appris : combattre jusqu'au bout, ne jamais baisser les armes, poursuivre jusqu'au dernier sang.

Depuis quinze ans, j'enchaîne des aventures toujours plus ardues et voilà que je me demande encore et comment je peux devenir meilleur. Prendre part au Vendée Globe ne me suffit pas, cette course me pousse à me comparer, à désirer ardemment ce que je n'ai pas. Au détriment du reste. Elle me rend malheureux et surtout moins bon dans ce que je fais, moins observateur des contextes, moins intelligent, moins présent. Je suis tellement occupé à prouver à tout le monde que je suis un homme que j'oublie d'en être un.

Au cœur de cette nouvelle tempête qui affiche des rafales jusqu'à quarante-cinq noeuds, je comprends que je ne m'en sors pourtant pas si mal. Tout ce que j'ai accompli depuis le 8 novembre s'élève bien au-delà de ce dont je me croyais capable. C'est déjà une victoire. Cette aventure m'autorise à puiser en moi des ressources insoupçonnées. Il me faudra du temps pour en faire consciencieusement l'inventaire.

En attendant, je me tape sur l'épaule et je me souris. Je commence à dépasser mes propres peurs, je commence à réussir mon Vendée Globe.

Intermezzo #7

*Novembre 2019, îles Marquises, à bord d'*Ahoy.

La voix de Steeven sort de l'eau et perce la nuit.

– Je peux monter à bord ?

– Oui ! J'arrive. Je prends une lampe pour t'éclairer l'échelle.

Il me tend sa pagaie et un bol empli de poulpe au lait de coco.

– Comment ça va ?

Pas de réponse. Il enjambe le passavant, s'assoit à sa place dans le cockpit en face de moi et roule mécaniquement une cigarette.

– Que veux-tu boire ? Du vin ?

– Oui, je crois que j'en ai besoin pour parler.

Nous servons le dîner. Steeven n'est plus le même. D'habitude poli et discret, il s'empare de la bouteille de vin rouge sans nous demander et se sert, fébrile, de grands verres qu'il siffle en quelques minutes. Il en redemande. Nous ouvrons les bouteilles en silence et sans joie.

Steeven a deux visages ce soir. Le premier rit et badine quand il se tourne vers Marie assise sur sa droite, l'autre me fusille du regard quand il me fait face. Il les permute comme un acteur antique avec ses masques de théâtre au gré d'une discussion qu'il est le seul à piloter. Je ressens un profond malaise.

Je crois détendre l'atmosphère en l'interrogeant.

– Tu sais comment j'ai appelé mon bateau du Vendée Globe *?*

– Non.

– Rua Hatu. *J'ai attendu le bon bateau pour lui donner le nom du dieu de mon tatouage.*

Les yeux de Steeven me lancent des flèches.

– As-tu seulement demandé la permission ?

Pétrifié, je ne peux répondre. Non. Non, je n'ai rien demandé à personne. Mon Dieu, il a raison, je suis un voleur. Tout comme l'homme qui lui a pris ses cocos sans demander, comme celui qui ravage son potager ou celui qui tue la raie.

LIVRE SIXIÈME

Croire en soi
ou une question de confiance

Ce n'est pas un grain comme les autres. La mer fume, blanche et colérique. Le bateau décolle à la verticale quand je me jette sur l'écope du ballast arrière. Il est déjà trop tard pour le remplir. Mon voilier se vautre dans l'impact d'un deuxième uppercut encore plus puissant. D'une main, s'accrocher de toutes mes forces au roof pour ne pas me faire éjecter. De l'autre, vite choquer les voiles pour ne pas démâter.

Le mât est toujours là mais mon cerveau a enregistré une anomalie. Je scanne le pont et le cockpit.

– Merde ! Le safran est cassé !

La mèche du gouvernail se balance lamentablement d'un bord à l'autre. C'est terminé, je rentre à la maison. Je l'ai, mon avarie grave.

Les voiles faseyent. D'abord sécuriser le bateau, ensuite réfléchir. Je veux rouler la trinquette mais dans la panique, je confonds les lignes d'enroulement avec celles du gennaker et je commence doucement à libérer ses deux cent cinquante mètres carrés.

– Non ! Pas dans quarante nœuds !

Une sueur froide descend le long de ma colonne vertébrale. Il suffit d'une petite prise au vent pour que l'immense voile devienne indomptable. Je la neutralise en enroulant les écoutes autour. Nous sommes stoppés au milieu de l'océan Indien, autant dire au milieu de nulle part. Les îles Kerguelen sont l'abri le plus proche.

Au téléphone avec Matthieu et Fabienne, je craque. Les larmes évacuent le traumatisme comme un torrent de printemps, mais ils sont là pour me ramener à la raison, la seule qui vaille. Pourquoi tout arrêter maintenant, j'ai les capacités pour tenter une réparation, d'autres l'ont fait, pourquoi pas moi ? Quand je raccroche, il n'est plus question d'abandonner. Il faut à présent se diriger à petite vitesse vers le nord où il y a moins de vent et récupérer cette nuit un maximum d'énergie pour demain. Nous ne disposerons que de onze heures de jour avant qu'une nouvelle tempête ne s'abatte sur nous. Pas question de se retrouver dans la baston sans moyen de diriger le bateau. Mon voilier tout en carbone léger se désintégrerait dans les vagues : une grosse déferlante peut provoquer jusqu'à quatre tonnes d'impact au mètre carré.

Je ferme les portes étanches du cockpit et je m'écroule. Demain je répare et je repars. En attendant, je file plein nord, là où devrait m'attendre la zone moins ventée. Là où la mer devrait être meilleure.

Aux premières lueurs du jour, je me réveille les yeux collés. Un sommeil ininterrompu de six heures de rang, ça ne m'est pas arrivé depuis le départ, il y a un mois. Comment mon corps sait-il quand il doit dormir ? C'est assez surnaturel mais je constate qu'avant chaque situation critique où je dois puiser beaucoup d'énergie, je dors paradoxalement très bien. Je suis toujours prêt. À croire que l'avenir est inscrit dans ma chair.

Ce matin, il fait beau, *Rua* est bien remonté vers le nord, le vent est tombé même si la mer est encore très grosse. Le compte à rebours est lancé. Je sors avec précaution le gouvernail de secours et je me lance dans le démontage du système de liaison de barre. Après deux heures de travail acharné, la pelle cassée est libre et doit sortir de son logement toute seule. En théorie, du moins… J'ai beau taper de toutes mes forces, mettre tout mon poids dessus, rien n'y fait. La mèche, cassée en son milieu, plie sous la pression mais ne bouge pas d'un millimètre. Il faut la couper, ce qui veut dire qu'il n'y aura pas de marche arrière possible. Les dix précieuses lames de ma scie à métaux se cassent, ma perceuse est vite remisée à l'abri car la houle explose dans le cockpit et manque de la noyer par deux fois. Je ne suis qu'à un tiers de ma course et j'ai encore besoin de mes outils.

Je n'y parviendrai jamais.

Je m'écroule dans le fond du cockpit et je pleure à chaudes larmes. De larges cirrus envahissent le ciel, signe que le front se rapproche dangereusement. Si je n'arrive pas à me débarrasser du safran blessé, il pourrait éventrer la coque dans la tempête et nous envoyer par le fond. La seule solution viable serait de partir en fuite dans le sud-ouest en se reposant sur le seul gouvernail valide, mais l'idée de foncer vers l'Antarctique, à l'opposé de ma route, me fait me relever et sécher mes pleurs. Pas question de baisser les bras. J'attaque le carbone avec tous les objets coupants du bord : couteau de plongée, lime, tournevis. La partie supérieure de la mèche se détache enfin et seul un morceau minuscule retient encore le gouvernail, devenu incontrôlable. Mais il ne tombe toujours pas. Je m'écroule, vaincu, sur le sol jonché de débris coupants comme des rasoirs. Là, c'est vraiment la merde. Le gouvernail va tout arracher quand nous serons à grande vitesse. Mes yeux s'arrêtent sur le haut du tube de carbone que je viens de retirer. La section est importante. Voilà qui pourrait faire une très bonne masse pour déloger mon problème. J'assène des coups sur le moignon en hurlant comme une bête. Cloc ! Le safran est éjecté et s'enfonce dans le sillage. Le temps que je me rende compte de ce qui vient de se passer, il est déjà à vingt mètres derrière. Adieu.

À travers le trou désormais libre, je vois la mer scintiller. Cela fait neuf heures que je m'acharne mais je suis loin d'être sauvé. J'appelle Matthieu.

– C'est bon. Je pensais que je n'y arriverais jamais.

– Moi non plus.

– Je me suis arrêté pour pleurer de rage. Peut-être cent fois. Je n'en peux plus.

– Bois un coup et mange un morceau. Il faut que tu aies les idées claires pour la suite.

– J'appréhende, Mat. Je n'ai changé qu'une fois un safran au port et nous étions cinq, tu te souviens ?

– Vas-y calmement. Suis la procédure et ça va le faire.

– Il faut que je me dépêche. Le ciel est en train de se couvrir méchamment.

Le gouvernail, lesté avec la chaîne de mouillage de secours et tous les outils les plus lourds que j'ai trouvés à bord, ne coule malheureusement pas. À sec de toile, le soixante pieds navigue encore trop vite. Il traîne tout ce petit monde derrière lui comme une ligne de pêche.

Je tente le tout pour le tout et je tire sur la drisse qui doit guider la nouvelle mèche dans son logement quand une vague nous fait miraculeusement gîter. Le safran tape deux fois contre la coque, hésite et rentre comme par magie dans son tube. Pas le temps de se réjouir, car le vent fraîchit d'un seul coup. Il faut vite reconnecter le système de liaison, rouler le gennaker proprement et ranger le bateau en vrac.

Quand les voiles sont toutes ferlées et le bateau paré pour affronter le coup de vent, je m'effondre une dernière fois. Ces larmes, au moins, n'ont plus le goût du désespoir. Nous fonçons à quinze nœuds dans l'est, toujours en course. Je peux enfin me rincer à l'eau douce. Il fait froid ce soir dans les quarantièmes mais je goûte avec bonheur cette eau gelée qui débarrasse ma peau des poussières de carbone et du sel séché.

J'entends Matthieu et Fabienne pleurer dans le combiné. Ils n'y croyaient plus. Je m'écroule dans mon pouf, ivre de fatigue avec le sentiment rassurant que je ne risque plus rien. Dehors, nous fonçons dans le noir au cœur de la nouvelle dépression ; je me sens bien dans mon antre. Je viens de changer un safran seul dans les quarantièmes rugissants. Je peux faire face. Plus question de passer un jour supplémentaire dans l'angoisse des tempêtes et de la multitude des problèmes qui peuvent survenir. Je veux continuer à vivre cette aventure, pas à la subir ! Mes ressources sont infinies, j'en suis convaincu, il m'a juste fallu surmonter ma peur pour les rencontrer enfin.

La nuit qui vient m'apporte une nouvelle fois du repos. Le matin, j'inspecte le bateau de fond en comble et je répare tout ce qui doit l'être avant le grand choc. Le cap Leeuwin, le seul des trois grands caps qui me manque, est à quelques jours de mer. Après, nous verrons. Depuis le départ, je voulais accélérer le temps pour en finir au plus vite avec les angoisses et l'inconfort. Maintenant, je compte chérir chaque seconde de cette aventure. Je ne referai jamais un truc comme ça de toute ma vie. Le premier mois s'est déjà volatilisé. Soixante-cinq sacs de provisions sont encore empaquetés au vent au-dessous de moi. Soixante-cinq jours de mer pour apprendre à savourer même mes galères. Soixante-cinq jours pour chasser définitivement la peur hors de moi.

Trouver sa place

La dépression à venir est très creuse et très nord. Toute la matinée, j'hésite entre la rejoindre pour la surfer comme Jean-Yves Bernot me l'a appris ou conserver ma route plein est et espérer qu'elle ne me plaque pas contre la zone qui a été interdite par la direction de course pour éviter les icebergs. Partir plein nord, c'est naviguer perpendiculaire à la course. C'est surtout quitter pour la première fois la sécurité de la petite flottille que nous formons depuis un mois avec Enda O'Coineen, le navigateur irlandais, l'Américain Rich Wilson, le Suisse Alan Roura, Arnaud Boissières et Fabrice Amedeo, français comme moi. S'il m'arrive le moindre problème dans cet océan où aucun navire de commerce ne croise, j'ai au moins la rassurante certitude que l'un d'eux pourra venir à ma rescousse. Eux, je le sais, continuent plein est.

Le malaise ne cesse que l'après-midi quand je finis par trancher. Au trente-huitième jour de la course, j'empanne seul vers le nord. En conquérant, empli de ressources infinies. Mon bateau ne fuit plus, il attaque. Et je fais corps avec lui.

La tempête nous cueille dans la nuit quand j'ai les deux mains dans le moteur. Je suis en train de réduire une fuite de gasoil, mais le plus inquiétant c'est que mes batteries sont à plat. Il n'y a plus assez de jus pour lancer le moteur et recharger. Dans une poignée d'heures, le pilote automatique s'éteindra. C'est inéluctable. Je règle le gain au minimum, c'est-à-dire sa réactivité, pour économiser le peu d'électricité qu'il me reste et espérer ainsi grappiller quelques minutes supplémentaires. Par trois fois, les vagues m'éjectent sous le vent avec outils, capots moteur et gasoil. Chaque fois, je ramasse mon matériel éparpillé sur le sol et je remonte à l'assaut du bloc diesel récalcitrant. Rien n'y fait. Un plat chaud dans le ventre, des vivres sous le poste de barre, revêtu du ciré lourd, je me prépare à barrer des heures, la peur au ventre, sans espoir d'être relevé.

Pour quelle raison est-ce que je décide d'effectuer un ultime essai de démarrage ? Je ne le sais pas. Cela n'a concrètement pas de sens puisque la batterie est quasiment vide. Mais quelque chose me dit que je dois le faire. Sous l'impulsion poussive du démarreur, le moteur tousse, broute et démarre dans un rugissement miraculeux. Je me délecte du chant des soupapes et des pistons. J'hume de longues minutes cette délicieuse odeur de chaud.

– C’est toi, Rua.

Ça ne peut être que lui. Ce n’est pas possible autrement.

– Merci.

Je vis ma pire nuit de marin, et pourtant c’est celle qui me procure la plus intense des joies. Affalé de longues minutes sur les sacs à voile, je récupère de l’émotion extrême. Le bateau amorce un surf terrifiant, les sifflements des safrans et de la quille recouvrent totalement les hurlements du diesel. L’instant n’a pas de fin. Soixante nœuds, m’indique le répétiteur intérieur de l’anémomètre. Je n’ai jamais eu autant de vent. Il faut sortir pour affaler le troisième ris. Je déverrouille la porte étanche, je la pousse, mais elle ne bouge pas. Je force avec les deux mains, puis avec l’épaule, mais elle résiste toujours. Pareil pour celle de tribord. Je suis enfermé à l’intérieur. J’ai tout fermé en début de nuit par peur de chavirer. Le moteur a consommé tout l’air du carré. Mes portes ont été aspirées, collées…

– J’ai fait le vide, putain !

Me voilà prisonnier de mon bateau qui déboule comme un forcené.

À l’aide d’un tournevis, j’écarte les joints de la porte bâbord. Elle fait « pschitt » comme une bière qu'on décapsule et cède. Le jour se lève. Je sors dans le cockpit et je découvre le champ de bataille. Mon Dieu ! Le vent a mis les vagues au pas. Elles ne sont plus désordonnées comme hier mais se sont rangées en une armée d'immenses lames à perte de vue. *Rua* donne des coups de rappel secs et accélère de plus bel. Il s'est adapté. Je ne ressens aucune hésitation, aucune approximation. Il assure.

– Tu gères comme une star, lui susurré-je pour ne pas le déconcentrer. Merci d'avoir veillé quand je n'étais pas là.

Je flatte longuement la main courante du roof sur laquelle je m'agrippe. Je remonte le gain du pilote et les « bzz » des vérins se font plus nombreux et plus rapides. Nous accélérons encore.

Dans le carré, le moteur continue de hurler. Je baisse les gaz en priant pour qu'il ne cale pas. Sous ses capots de carbone, il ronronne plus sagement. Le témoin de batterie est vert, je peux m'affaisser dans le pouf et m'endormir.

Réveillé frais comme un gardon, je vérifie ce matin le pont et l'intérieur dans les moindres recoins. J'assèche les fonds en me félicitant de la douce mélodie du moteur qui a redémarré. L'un des deux hydro-alternateurs ne fonctionne plus. Je me surprends à être heureux d'ouvrir la boîte à outils et de relever le défi de la réparation, plié en trois dans le réduit sous la table à carte. Je chasse la rouille sur le chargeur de mes lampes frontales et je m'acquitte ainsi de la dernière ligne de ma liste de travail. Il me reste du temps pour un peu de lecture avant de déjeuner.

Assis confortablement dans mon siège de veille sous le roof, j'ouvre le bouchon de la tasse isotherme et j'avale deux gorgées brûlantes de tisane. Le sillage large et puissant que nous traçons depuis des semaines, blanc sur le gris de la longue houle australe, m'hypnotise. Combien de temps l'océan nous accordera-t-il encore ?

Stéphane Le Diraison a démâté. Thomas Ruyant, lui, a percuté un container entre deux eaux à pleine vitesse. Je pouvais clairement entendre les frissons de peur parcourir sa voix quand je l'ai appelé au téléphone. Heureusement, il dormait quand le choc l'a projeté violemment sur la paroi devant lui et sa tête était bien enfoncée dans son pouf. Je sais qu'un tel danger nous guette tous. Au contact de sa tristesse, je note, surpris, qu'au fond de moi, je ne l'envie pas bien que pour lui l'enfer s'arrête sur avarie technique et qu'il s'en sort la tête haute. Je mesure même ma chance d'être encore en course. Je souris dans la fumée de ma tisane.

Je suis encore vivant.

Je suis à ma place sur cette planète vibrante. Nous allons vite au milieu de l'océan hostile et je m'y sens bien. Cette tempête m'a révélé que je pouvais faire confiance à mon bateau. Toute la nuit, c'est lui qui a tenu la barre avec le peu de moyens qu'il nous restait. Je ne l'ai pas surveillé quand il entrait dans une mer et une force de vent inédites pour nous deux et il n'a pas failli. Lui n'a pas changé. C'est moi et moi seul qui ai évolué.

Alors, je teste notre proximité et notre entente, je prends la barre de longues minutes pour évaluer son comportement et valider mes choix de voiles. Ça me semble fou de ne découvrir que maintenant l'importance qu'a l'observation dans la pratique de mon sport. J'étais bien trop occupé à me demander ce que pourrait bien faire tel ou tel marin, à me rappeler leur vieille recette. Jamais je n'ai accordé de valeur à mes propres sentiments ou à mon instinct. Je ne me sentais pas assez légitime.

Désormais, je ne veux plus copier, je veux créer.

Une idée folle me submerge. Finir le Vendée Globe est peut-être possible. Je sais gérer la météo, résister aux dépressions, faire face aux problèmes techniques. Si je suis sage et patient, ça peut le faire. Si j'utilise *Rua* au maximum de mes capacités, il m'emmènera, dans un même désir farouche de terminer la course.

Dans l'après-midi, je passe un ris dans la grand-voile parce que le bateau me le demande. Il me faut quelques secondes pour me rendre compte que le téléphone satellite sonne à la table à carte. Il est d'habitude hors tension. Rien n'est plus incongru que ce bruit si terrien dans notre solitude liquide.

C'est Rich Wilson, l'Américain de la flotte pour qui j'ai énormément d'admiration. Rich a soixante-six ans, c'est le concurrent le plus âgé, et il est à la tête d'une organisation baptisée Alive, qui a vocation à inspirer des élèves du monde entier pour qu'ils prennent goût aux matières scientifiques.

– Bonjour, Éric, me dit-il en français avec son accent de gentleman sailor. Je suis là devant toi.

– Quoi ? Où ça ? It's not possible !

– Sors et regarde sous ta bôme.

Je raccroche le combiné et je bondis dans le cockpit. Sous une grande nappe de cirrus à cinq cents mètres sous le vent, la voile de *Great American III* se détache sur le gris de l'océan.

Via la VHF, nous continuons notre discussion. Rich n'en revient pas de ma vitesse.

J'ai roulé le J3 afin de ralentir un peu pour nous croiser sans danger. Il y a plus de vingt-cinq nœuds de vent et *Rua* sous MDTK et grand-voile à deux ris navigue à vingt nœuds de moyenne. Sous les embruns qui inondent sans arrêt le pont et le cockpit, je goûte ma fierté de naviguer bord à bord avec celui qui est pour moi l'exemple à suivre depuis que j'ai décidé de participer au tour du monde.

Rich est maintenant loin derrière. Il conclut.

– Take care, my friend. I will write to the others ahead to be careful because Éric is coming and he's flying !

Nous rions.

Les autres sont certes devant, mais peu m'importe, car je me sens à la plus belle des places : la mienne.

Miracle de Noël

Le cap Leeuwin est par le travers à des centaines de kilomètres dans le nord. Nous venons de le passer. *Rua* vole au ras de l'eau comme une libellule, soulevant de minuscules gouttes d'océan arc-en-ciel. L'océan s'est paré de son profond bleu de parade et pas un nuage ne gâche la pureté de l'instant. Après le cap Horn avec *Kifouine* puis le cap de Bonne-Espérance à bord de *Jolokia*, voilà le cap australien, le plus difficile à atteindre pour un petit marin français. Les trois caps sont nos huit mille mètres à nous, navigateurs. J'ai enfin gravi tous les plus hauts sommets aqueux de la planète, souvent sale, barbu, trempé, mais toujours immensément heureux.

À quelques jours de Noël, quand les centres commerciaux sont remplis de plaisirs éphémères, ce cadeau-là ne s'éteindra jamais. Il aura beau m'avoir coûté trois ans d'un sacrifice total, il me fera plaisir jusqu'à mon dernier jour. Mais nous ne sommes qu'au début des festivités : j'arrive bientôt à la ligne symbolique de la mi-course.

Le 24 décembre, un bateau arrive à contresens sous grand-voile seule. Alan Roura ! Mon cœur fait des bonds dans ma poitrine. Je pourrais être à un rendez-vous amoureux. Une fois à portée de voix, nous hurlons de bonheur. Petite silhouette sur cet immense bateau, le navigateur suisse, le plus jeune de la course, est tout sourire. Sa barbe est longue et ses cheveux sont rasés à blanc. S'il ne portait pas une salopette, on aurait dit un biker des Hells Angels.

– T'es beau, mec ! crié-je, les mains en porte-voix.

Il croise mon sillage à petite vitesse.

– Toi aussi !

L'émotion me coupe le souffle comme un coup de poing dans le ventre. Alan fait empanner son soixante pieds comme un dériveur et se range sur mon tribord à bonne distance de mes outriggers. Accoudés à nos filières, nous entamons la plus incroyable des discussions de balcon.

Alan s'accroupit la tête dans les mains.

– Cette course est indescriptible. (Il se frotte le visage.) Les gens ne peuvent pas comprendre ce qu'on vit.

– On peut être fiers de nous. Tu as vu tout le chemin parcouru ? On est à l'autre bout du monde !

– Grave ! (Il rit avec moi puis s'assoit brusquement, plus sérieux.) Ça fait chier de devoir freiner mais elle craint, cette dépression devant nous. Pas question que j'y aille avec mon bateau. C'est un coup à tout casser. C'est pour cela que je reviens un peu en arrière.

– Oui, nous n'avons plus rien à prouver à personne. Tout ce qu'il nous reste à faire, c'est de naviguer proprement et rentrer à la maison.

– Carrément ! Comment ça va, le bateau ?

– Nickel. On est à cent pour cent. Ce matin, quand je me suis réveillé pour prendre un ris, j'ai eu pour la première fois le sentiment étrange qu'il était normal que je sois sur mon bateau, au milieu de nulle part. C'était comme si j'étais à terre chez moi et que j'allais me préparer du thé dans la cuisine.

– Pareil. Le bateau est devenu mon seul univers. C'est ma vie. Il va falloir que je m'habitue à la terre en rentrant.

Il rit.

Le lendemain, Enda O'Coineen nous rejoint, habillé en Père Noël, pour fêter le 25 décembre. Nous vivons un triple miracle. Déjà parce qu'après cinquante jours de mer, c'est inédit de voir trois bateaux à côté, ensuite parce qu'une mauvaise dépression nous intime l'ordre de freiner. Nous pouvons donc fêter Noël ! La probabilité qu'un truc pareil se produise un jour était infime.

La fatigue me tombe dessus comme si je m'offrais une escale. Au petit matin, nous reprenons notre course au ralenti, côte à côte, voilure arisée au plus bas. Alan me raconte à la radio que ses intestins l'ont empêché de dormir alors que c'était le moment idéal pour recharger les batteries. J'ai vécu exactement la même chose. Cette rencontre après tant de solitude, c'était trop d'émotions. Mon ventre me tiraille encore. Il va falloir qu'on se sépare, car la tempête commence à s'évacuer doucement dans l'est. Il faut rester à son contact, ne pas se faire distancer par elle. Et puis, ça serait idiot de risquer de nous éperonner au beau milieu de l'océan austral, sachant que nous sommes déjà passés à deux doigts de l'accident hier quand je filmais ma rencontre avec Alan...

Rua et moi retrouvons notre univers gris et froid. Le bateau d'Alan n'est plus qu'une petite tache sur l'horizon. Il est temps de larguer les ris de la grand-voile et de dérouler le petit gennaker. Je ne veux pas faire de vieux os dans cet océan anthracite. J'appelle mon ami une dernière fois avant que la portée de nos VHF ne soit plus suffisante.

– De *Commeunseulhomme* à La Fabrique.

Après de longues secondes, la radio crépite.

– Oui, *Commeunseulhomme* ?

– Sois prudent, Alan. Bonne route.

– Toi aussi. On se retrouve aux Sables.

– On rentre à la maison.

– Oui, on rentre à la maison.

L'état de grâce

Mon plan est de suivre le plus longtemps possible la queue de l'énorme dépression qui me précède, pour rester dans un phénomène météorologique connu. Ce qui me fait peur, c'est de subir une tempête différente tous les trois jours, car je ne sais jamais sur quoi je vais tomber. Les coureurs professionnels à la barre de leurs coursiers plus rapides connaissent moins le stress de l'inconnu que nous. Surfant de dépression en dépression comme sur des vagues géantes qui les propulsent à toute allure dans l'est, ils ne connaissent qu'une poignée de tempêtes dans l'océan austral. À nous, les amateurs, la pente raide des dépressions nous donne la frousse et nous freinons comme nous pouvons pour ne pas perdre le contrôle. Résultat : le cortège de coups de vent qui défile d'ouest en est nous rattrape et nous balaie avec sa houle géante que rien n'arrête. Faire le dos rond n'est objectivement pas une bonne solution. Pour ne pas avoir peur, il faut accélérer. Mon objectif, désormais, c'est de foncer.

Une grande dépression arrive sur la course, peut-être la plus grosse et la plus violente de tout l'océan austral. Je reçois des messages de mon petit groupe de copains skippers. Tous me confient leur peur de cette tempête. Je ne la ressens pas. Je suis juste heureux de connaître ma dernière dépression, mon dernier ennemi du sud. C'est mon amie. J'écris aux autres : « C'est génial ! Elle est tellement grosse qu'elle va nous propulser jusqu'au cap Horn ! »

La lumière perce ce soir le plafond nuageux et la mer offre aux rayons du soleil un écrin noir majestueux. Avec *Rua,* nous nous mettons en tête de rattraper le front avant qu'il ne nous piège dans une zone sans vent. Je suis plus au nord et plus à l'est que les autres concurrents. Ça pourrait donc être une belle opération stratégique, mais c'est moins la compétition que le défi personnel avec l'océan qui me motive. Les conditions climatiques passent de musclées à engagées. C'est bientôt la guerre. Travers à la houle, le bateau pulvérise des vagues gigantesques. Elles nous pilonnent sans discontinuer à tel point qu'une retenue de bastaque s'arrache dans une déferlante. L'outrigger sous le vent est constamment sous l'eau. Si ça continue comme ça, nous allons tout casser. Nous devrons nous avouer vaincu et abattre dans le sud pour repartir dans le nord à la rencontre de la prochaine tempête, de la prochaine claque inconnue. *Rua* doit tenir. Je sais qu'il peut le faire. La peur me ronge à nouveau le ventre mais je reste concentré sur ce que j'ai à faire.

À trois heures du matin, le comportement différent de la carène me réveille. Vingt nœuds, vingt-deux nœuds, vingt-quatre nœuds... Le speedomètre s'affole. *Rua* est au planning. Les battements de mon cœur s'accélèrent quand je saute dans le cockpit. Comme par magie, l'océan a rompu le combat et s'est rangé à nos côtés. La houle s'oriente dans le bon sens et plutôt que de recouvrir violemment le pont, elle nous pousse puissamment vers le cap Horn. *Rua* a conquis son royaume. C'est lui qui commande aux vagues.

Les autres n'ont pas pris le train du cap Horn et je les sème…

Le flux venant d'Antarctique nous propulse les jours suivants à grande vitesse vers le cap mythique et la température à bord chute significativement avec les degrés de latitude. Sans chauffage, j'accumule sept épaisseurs de vêtements sous ma couverture de polaire. Quand je sors manœuvrer sur le pont, je prends bien soin d'enlever deux à trois couches pour ne pas suer, sinon mes sous-vêtements techniques ne sécheront jamais. Il faudra en changer et je n'en ai qu'un nombre limité. Enfoncé dans mon pouf trempé, je m'excuse par e-mail auprès de Matthieu à qui j'envoie des photographies peu ragoûtantes d'une mycose à l'aine. Ce n'est pas forcément le type de paysage que j'aime à partager lors de mes voyages mais le directeur technique suit scrupuleusement à terre l'état du bateau et du marin. Le manque d'hygiène et l'humidité permanente commencent à faire effet. Je ne me souviens plus quand je me suis changé pour la dernière fois. Je vis en permanence avec la salopette de ciré et les bottes au pied. Pour dormir, je laisse seulement tomber le bas de mon ciré au niveau des mollets pour ne pas avoir trop froid, et je me réveille fébrile, incapable de savoir si j'ai chaud ou si je suis transi. Dans deux jours, cela fera deux mois que je vis dans ces conditions. Deux mois ! J'ai l'impression d'avoir toujours vécu sur ce bateau. L'idée que je vais devoir un jour en débarquer me soulage et m'arrache en même temps des larmes. Impossible de laisser *Rua*. Il est tout pour moi. Je ne laisserai ma place à personne. Je suis là où je veux être, au cœur du danger, tandis que dans mon dos, mon tatouage est plus vibrant que jamais.

Mes longues heures de rêverie font désormais partie de ma routine à bord. Elles sont absolument inaliénables, comme le bricolage ou la stratégie météo. Le rituel est toujours le même. En premier, je fais chauffer l'eau dans la bouilloire, tout en ramassant des gâteaux sans gluten, des noix et du chocolat noir dans mes sacs de provisions. Il est primordial de mettre d'abord le sachet de tisane dans la tasse et de la tenir fermement de la main gauche parce qu'une fois l'eau versée, il faut vite visser le bouchon hermétique avec la main droite si je ne veux pas m'ébouillanter. Je passe ensuite la vareuse et j'enfile la cagoule en néoprène cachée sous le roof au vent. Puis je m'assois dans le siège de veille en carbone. Les bottes bien calées sur la paroi devant moi, je peux parer toutes les ruades et laisser filer doucement mon esprit dans le sillage. C'est à cette heure, quand la nuit va bientôt tomber, que les couleurs sont les plus belles. Je passe beaucoup de temps à observer les grains, ou à me demander si les albatros qui planent à leurs côtés sans effort connaissent la pluie. Comme il ne pleut jamais au vent des grains, ils doivent faire le tour du monde au sec, les chanceux.

Paradoxalement, plus mon imagination se promène hors du bateau et plus je suis rapide. Je touche au graal de ma quête : l'harmonie avec *Rua* et l'océan. Lorsque, avant le départ, les journalistes me demandaient mon objectif, je leur répondais que je voulais être à l'unisson avec la mer et mon bateau. Ils souriaient, un peu gênés, et insistaient pour connaître le classement final que je visais ou pour savoir avant quel concurrent je souhaitais arriver. Mais ma réponse restait la même, à leur grande déception. J'essayais de leur expliquer que ce n'était pas une pensée de hippie ou de rêveur, mais du bon sens acquis au fil de mes aventures en équipage. L'harmonie ouvre les portes du bonheur – et finalement de la prouesse – quand la recherche de performance est seulement une réaction automatique à la peur. Viser un objectif de performance sans avoir découvert tout son potentiel est idiot. On ne le fait que pour se rassurer face à l'inconnu.

Si je m'étais donné une cible de classement, je ne serais pas là aujourd'hui. Au mieux je pointerais loin derrière, au pire je me serais blessé. J'aurais certainement abandonné depuis longtemps. Trop accaparé par la comparaison avec les autres skippers ou mon auto-évaluation permanente, je n'aurais malheureusement pas investi mon temps et mon énergie dans la découverte de mes ressources et celles de mon bateau. Nos liens magiques avec l'océan n'auraient pas pu se tisser et je n'aurais jamais réalisé cette performance bluffante.

J'aurais surtout été bien malheureux.

Positionné à la dixième place de la course aujourd'hui, j'accumule depuis des jours les records de vitesse de la flotte des bateaux toujours en course.

De la terre, je reçois des messages étonnés des autres concurrents et de mes proches. « Bellion, t'as bouffé du lion ? », ou « Ça y est, tu as pris goût à la compétition ? », ou encore « Tu as enfin le couteau entre les dents ».

Non, les amis, je bois de la tisane. Je suis en harmonie.

Le boxeur

Cette soixante-septième journée de course commence dans des grains d'une rare violence dont l'intensité va monter crescendo. En l'espace de quatre heures, j'enroule la trinquette puis je prends deux ris dans la grand-voile jusqu'au plus bas. *Rua* porte le minimum de voile. Le crochet du troisième ris ne s'enclenche pas, il faut que j'intervienne dans la bôme. Trois heures durant, je répare la fixation, ballotté bord sur bord par quarante-cinq nœuds de vent et une mer infecte. Je redescends sur le pont, gelé et mort d'une trouille rétrospective. Au moment où je rejoins prudemment le cockpit pour lover les bouts de manœuvre, la carène décolle et se plante net dans la vague devant nous jusqu'au pied du mât. L'impact est tel que mon gilet autogonflable se percute sous les trombes d'eau.

Sans frein, en fuite à plus de vingt nœuds vers la côte chilienne qui approche dangereusement, je pense à Bruno Peyron et son équipage de *Commodore Explorer* dans leur tentative du Trophée Jules Verne en 1993. Eux aussi ont paniqué à l'idée de se fracasser sur les rochers inhospitaliers de la Terre de Feu, à sec de toile, seulement portés par la surface de leur mât-aile. J'essaie de lofer au maximum mais les déferlantes sont trop menaçantes. Nous entrons sur le plateau continental américain, ce qui veut dire que les fonds remontent brusquement de plusieurs milliers de mètres de profondeur à seulement quelques centaines.

Le vent finit par tourner de quelques degrés alors que se dessinent les îles Wollaston devant l'étrave. Je peux rentrer me réchauffer, manger et dormir. Je remets progressivement de la toile et je défais le ris que j'ai mis tant de temps à établir. Oui, décidément, il y a du Sisyphe dans ce métier de marin.

Le cap Horn est au vent, comme teinté de bleu pâle. Il y a quelques heures, j'avais peur de m'échouer dessus ; finalement, nous en passons très loin. La fatigue m'a fait perdre la notion de la réalité. Il y avait sans doute de la marge mais comme personne n'est là pour prendre le relais quand je perds pied, je préfère assurer. Je crois que je n'ai jamais été aussi exténué. Je dois me motiver à voix haute plusieurs fois pour me lever et tourner la vidéo que tout le monde attend. À la fois une preuve de l'exploit pour celui qui y parvient et un soulagement pour ceux qui sont restés à terre. Ils peuvent enfin respirer, je suis revenu des océans hostiles et des latitudes insensées. J'ai cramé toute mon énergie pour arriver jusque-là et la ligne d'arrivée de la course est encore loin. Il nous reste un mois en mer avant de retrouver l'Europe et les Sables d'Olonne.

Le cap Horn est l'ultime frontière entre le monde sauvage que l'on quitte et le monde civilisé que l'on retrouve. Là-bas, l'océan me met en garde une dernière fois. Toi qui remontes vers les latitudes clémentes, n'oublie jamais qu'ici c'est moi qui choisis celui qui passe et celui qui ne passe pas. Si l'envie m'avait pris, je vous aurais envoyés par le fond en un claquement de doigts, ton bateau et toi. Ne te leurre pas, tu n'es pas un héros. Tu as certes souffert, mais tu n'as fait que ton travail de marin, rien de plus. C'est moi qui t'ai accordé le passage.

*

Nous glissons sans bruit le long de l'archipel des Malouines sur une mer plate. Ce soir, le soleil prend son temps pour se coucher. Doucement il étend ses rouges et ses orange sur une mer miroir et tire ses jaunes et ses violets au nord et au sud sur des nuages immobiles. Assis par terre dans le cockpit, je contemple la douceur comme un boxeur victorieux après douze rounds. Abasourdi, je passe et je repasse mes mains calleuses sur mon visage et mes cheveux couverts de sel. Je ne pensais pas être capable de tenir le coup et pourtant j'avais cette force en moi. Et dire que j'ai failli ne jamais le savoir. Il fallait juste que je prenne le risque de monter sur le ring pour le découvrir. Si je m'étais laissé guider par la peur avant de plonger dans le Grand Sud, j'aurais manqué la grande initiation de ma vie.

La peur ne m'a pas quitté, mais c'est mon rapport à elle qui a changé : elle n'est plus mon ennemie. Je ne perds plus d'énergie à la combattre. Durant un mois j'ai appris à naviguer avec elle sous le bras. C'est elle qui m'a permis d'être toujours en alerte, toujours préparé pour le passage des tempêtes. C'est elle qui m'a poussé à régler tous les problèmes techniques dès qu'ils arrivaient. C'est elle qui a réparé le gouvernail et fait redémarrer le moteur. Elle et *Rua,* bien sûr. Toi, mon bateau, tu savais déjà tout cela. Tu savais que j'irais jusqu'au bout et que je n'aurais plus peur de la peur. De grosses gouttes coulent le long de ma barbe désormais fournie. Je pleure. Mes larmes ont le goût de la reconnaissance.

J'allume les feux de navigation parce qu'il y a un peu de trafic maritime. Cela fait des mois que je ne m'en suis pas servi. Je vérifie ma tambouille qui mijote sur le petit réchaud au centre du carré et quand je ressors, horreur, c'est le black-out complet ! Tous les instruments sont éteints. Le bateau, bien réglé sous gennaker, continue comme si de rien n'était. Je me jette sur le coupe-circuit principal, que je trouve enclenché. Merde, d'où ça vient ? Je reste calme mais au fond de moi, je hurle. On n'a plus de pilote automatique. Sur le tableau des fusibles, une diode est éteinte. Je réenclenche mais le bouton saute à nouveau. Les feux ont pris l'eau et créé un court-circuit qui a fait disjoncter toute l'électricité. C'est fou, car ils sont coulés directement dans le plastique. Je coupe les lumières et je rallume le pilote. Ouf ! Ça marche.

Je reste de longues minutes à vérifier que le courant ne disjoncte pas à nouveau. Tout est en ordre, je peux rentrer m'allonger dans ma grotte humide. Nous sommes dimanche soir et c'est soirée cinéma à bord de *Rua Hatu*. J'ai pris cette habitude depuis mes premières longues traversées. Cela aide à fractionner le temps et me rassure inconsciemment. Pendant deux heures, loin de tout, je redeviens le petit garçon qui se blottit entre ses parents sur le canapé en cuir de la maison de Versailles quand retentit le générique du film du dimanche soir. Aujourd'hui, c'est *Braveheart* avec Mel Gibson. Le paysage des Highlands apparaît à peine sur le minuscule écran de l'iPod qu'un grain à vingt nœuds me couche violemment à quatre-vingt-dix degrés comme un vulgaire dériveur. Le bateau vire dans la foulée et puis, plus de vent… Je remets tout en ordre, mais le bateau bascule à nouveau une demi-heure plus tard. L'Atlantique n'a aucun respect pour les souvenirs familiaux. Je reste un funambule au-dessus de l'abîme.

Intermezzo #8

*Novembre 2019, îles Marquises, à bord d'*Ahoy.

Les yeux fermés, Steeven grince des dents. Les paupières closes, sa tête navigue d'un bord à l'autre comme envoûtée. Il souffre comme s'il recevait une flèche du passé.

– Hier soir, après t'avoir quitté, je volais sur l'eau. C'était magnifique. Arrivé à la plage, mon kayak est devenu très lourd. C'est à peine si j'ai pu le traîner jusque chez moi. J'ai compris qu'en vous fréquentant, je me comportais comme un traître vis-à-vis de mes ancêtres.

Il ouvre des yeux exorbités qui me transpercent. Je n'ai nulle part où me cacher.

– Ton tatouage, le nom de ton bateau… je ressens tout cela par ricochet. Ça fait très mal.

Il grince à nouveau des dents à s'en faire exploser les incisives. Son regard plein de colère et de tristesse me hante encore aujourd'hui.

Il semble retrouver son calme.

– N'as-tu pas tes dieux en Bretagne ? Sais-tu au moins quelle est la divinité de la mer chez les Celtes ?

– Non, je ne sais pas.

Je me sens pitoyable.

De quel droit ai-je pris possession des pouvoirs de ses divinités ? Je reste prostré, incapable de lui dire à quel point je suis désolé de mon manque de respect.

J'ai pris possession de la magie de ses dieux sans demander, comme un colonisateur. Rien ne me différencie de mes ancêtres qui se sont emparés de cette terre dans la violence. J'ai prélevé ce que je voulais sans m'intéresser à cette culture comme les voiliers blancs pillant la baie de Steeven, en ignorant tout de leur impact sur l'écosystème.

Steeven voit mon désarroi et s'adoucit soudain.

– Tu entends ? Le vent a changé.

L'alizé qui abat ses rafales sur nous depuis la tombée de la nuit s'est éteint d'un seul coup. Il n'y a plus un bruit dans la baie, plus un souffle d'air. Le vent semble signifier que la leçon a été comprise et l'harmonie retrouvée.

D'une voix presque imperceptible, j'arrive enfin à bafouiller quelques mots.

– Je suis désolé.

De son canoë, Steeven me regarde avec bienveillance.

– Ce que tu as pris ici doit rester ici, Éric. Sers-toi de cela pour faire le bien. Ne perds pas ton regard.

Il s'éloigne en pagayant dans la nuit sans se retourner.

Je sais que je ne lui parlerai plus.

L'instinct

Il ne reste que vingt jours... vingt matins, vingt couchers de soleil, dix démarrages de moteur, soixante repas, deux livres, trois films du dimanche soir et une vacation téléphonique avec les mécènes. Avec Matthieu et Fabienne, je commence à évoquer la fête d'arrivée, le chantier du bateau et les relations publiques. Hier soir, pendant une vacation téléphonique, j'ai parlé de la course au passé comme si j'étais déjà à terre. Il ne faut surtout pas que je m'emballe. Il reste un mois de mer et je dois rester concentré. Vouloir en finir vite, c'est souvent faire des conneries. Seul sur l'océan dans des latitudes hostiles, je ne peux pas me le permettre. Le mieux serait de ne pas avoir envie d'arriver du tout, de sorte que le temps filerait à toute allure ; mais je veux passer la ligne pour enfin me relâcher. Je sens que je suis usé physiquement et moralement. Mon esprit est perpétuellement sur le qui-vive, en train d'analyser tout ce que je vois, entends et ressens, même quand je dors. Depuis quatre-vingts jours, mon degré de concentration est celui d'un automobiliste à vive allure sur l'autoroute.

Mais c'est la solitude qui puise le plus d'énergie. Rien à voir avec le sentiment d'abandon que je connais parfois à terre. Non, celui-là est bien plus dur. C'est l'isolement dans la décision, l'absence d'avis extérieur. Depuis des semaines, personne ne me conforte dans mes choix ou ne m'alerte. Je me sens pourtant si vulnérable et si novice que chaque décision est un saut dans le vide qui met en jeu ma sécurité. À terre, on peut toujours compter sur l'avis d'amis, de proches ou même sur Internet. Ici, il n'y a que moi. Je suis pleinement responsable de ma vie. Jusqu'à présent ce sentiment a été exaltant, mais aujourd'hui, je ne sais pourquoi, il me mine.

Être seul, c'est accepter de se faire une confiance absolue. Depuis quinze ans, je confie ma vie à des hommes et des femmes en qui personne ne croit et à qui personne ne donne sa chance. Pourquoi ne me ferais-je pas le même cadeau ? Me faire confiance, croire en mes capacités. Je suis bien la seule personne qui pourrait se targuer de me ressembler le plus invisiblement…

À la table à carte, je télécharge un nouveau fichier météo. Trois fois par jour, j'étudie plusieurs types de documents pour choisir la meilleure trajectoire. Mais quelque chose cloche aujourd'hui. Mon ordinateur est formel : il annonce un vent stable sur toute la zone. Et pourtant, quand je sors humer le souffle et les nuages, mon corps me crie qu'il faut réduire la toile maintenant car le vent est sur le point de fraîchir. Et puis merde. Je capèle mon harnais et je choque la drisse de grand-voile qui tombe sagement dans le lazybag. Mes ongles craqués et usés jusqu'à la corde me font mal sur les plis de l'immense toile de kevlar et de carbone. Je ferle fermement en serrant les dents pour que les paquets de mer ne forment pas de poches d'eau impossibles à réduire. La dernière sangle au bout de la bôme est toujours la plus compliquée à mettre en place car il faut jouer l'équilibriste au-dessus du vide. Quand je repose le pied sur le pont, le vent est déjà là, féroce. *Rua* donne un coup de gîte en signe d'approbation. Mon instinct ne m'a pas trompé. Encore une fois, et plus que jamais, je me sens à ma place dans ce grand tout, en relation intime avec ce qui m'entoure. Je suis une partie du monde, comme les oiseaux, les vagues, le vent, les étoiles, le soleil et la lune. Ensemble, nous ne formons qu'un.

Je n'ai jamais cru en Dieu. J'ai toujours pensé que servir un créateur qui exige qu'on mette son intelligence de côté n'en vaut pas la peine. La raison et la foi devraient naviguer de conserve. Ici sur l'océan, le cœur, l'intelligence et l'instinct s'accordent.

La puissance magique de cette sensation me permet d'observer le monde qui m'entoure et de découvrir que mon instinct est ma connexion au monde. C'est un véritable éveil : je me sens légitime à vivre.

Du fond de mes entrailles sort un cri animal, un hurlement qui m'assure que mon univers est sans limite. Le vent hésite et, de stupeur, *Rua* stoppe sa course. Le soleil roule orange comme un écho énorme et les fous de Bassan immobilisent leur vol plané dans le sillage. Le temps se fige pour une petite éternité, je peux dévaler la lame.

Ultime épreuve

Le moteur ne démarre plus et le petit chargeur qui a vaillamment fonctionné jusqu'ici rend l'âme. Pendant deux heures, je shunte le circuit électrique pour ne pas perdre un ampère inutilement et je branche le moteur directement sur la batterie. Le démarreur tourne trop faiblement pour espérer un deuxième miracle. Il me reste plus de trois mille kilomètres à parcourir en ne dépendant que de mes hydro-alternateurs, ces petits fournisseurs d'énergie à hélices que je traîne dans l'eau. Ils m'imposent de naviguer vite car ils ne produisent de la puissance qu'au-dessus de dix nœuds. Ils sont fragiles et l'un d'eux ne fonctionne pas très bien. Mais ils vont tenir, j'ai confiance. Quand je les sors de l'eau après utilisation, je prends soin de les embrasser et de les remercier pour leur diligent service.

C'est une autre aventure qui commence. J'ai de la chance car si le petit chargeur m'avait lâché dans le Grand Sud, ma course aurait été foutue. Il me reste six ou sept jours de navigation, donc j'ai toutes mes chances de finir. En cas de pépin, l'archipel des Açores est sur ma route. Et puis je peux toujours barrer de temps en temps pour économiser l'électricité. Les solutions existent.

Nándor Fa, le navigateur hongrois, est arrivé aujourd'hui. Normalement, je devrais être le prochain, sauf si Conrad m'a rattrapé, ce qui est possible vu que, depuis des jours, je ne regarde plus le classement de la course.

Devant mon étrave se développe une tempête très creuse et très puissante, échappée du courant d'ouest dans lequel elle s'est formée pour me barrer la route au large du Portugal. C'est un monstre impossible à contourner, que ce soit par l'ouest ou par l'est. Moi qui rêvais déjà des honneurs de la ligne d'arrivée, je vais être contraint d'affronter encore une fois les éléments.

Observant tristement mon insolence, l'océan a revu ses plans et prévu cet ouragan comme ultime test. Il déteste les présomptueux. Dans les cirrus qui ont déjà envahi le ciel, présage de mauvais jours, il me le confirme une dernière fois : « N'oublie jamais que c'est moi qui décide. Tu n'as pas encore gagné le droit de rentrer chez toi. »

L'anémomètre affiche soixante-seize nœuds. Je n'ai jamais vu cela. Même dans le Grand Sud. C'est ma tempête. Elle m'attend depuis toujours et je la reconnais.

Sous grand-voile seule à trois ris, totalement choquée contre les haubans et tous les ballasts remplis d'eau, je n'arrive plus à maîtriser le bateau, je pars au tas comme un vulgaire engin de plage. L'alarme du pilote déchire la nuit lugubre. Le pilote ne barre plus dans ces conditions et je n'ai pas de solution si ce n'est d'attendre, couché sur l'eau, que le vent faiblisse. Pas question d'affaler le reste de la grand-voile si je veux rester rapide pour échapper aux déferlantes qui tabassent le fond de la coque désormais hors de l'eau. Les secondes sont des heures, les mouvements des tortures. Le vent finit par mollir quand le grain fuit. Soixante-cinq, cinquante-huit nœuds, le pilote peut enfin abattre et reprendre la route : mais encore une fois, il nous fait empanner sauvagement dans un surf.

– Non ! Non !

De l'eau jusqu'à la taille, je tire comme un fou sur la barre sans me rendre compte que ça ne sert à rien puisque le pilote est toujours enclenché. Les vagues explosent lourdement autour de moi. Le vent nous plaque au creux des déferlantes.

– Stop ! Du calme. Réfléchis. J'ai bien mes Crocs aux pieds, mon harnais correctement capelé et une frontale sur la tête.

En pressant sur le bouton du boîtier de commande du vérin, les quatre tonnes de la quille pivotante reviennent au centre du bateau qui se redresse progressivement. Je libère la grand-voile plaquée contre la bastaque. Vlam ! La bôme fonce d'un bord à l'autre en arrachant l'autre bastaque.

– Non ! Putain !

Ce câble est primordial car il retient le mât. Il doit absolument être en place dans de telles conditions. Pour le récupérer, il faut que je monte tout de suite dans la bôme, ce perchoir précaire, débordée au maximum. De nuit, le risque de me faire éjecter en cas de nouveau départ au tas ou d'une abattée intempestive est majoré. Le genre de trucs qu'il ne faut jamais faire, mais ai-je seulement le choix ? L'océan file sous moi dans un bouillonnement dantesque. J'attrape le cordage et je parviens à le détacher de l'espar. Je le serre de toutes mes forces dans ma main gauche de peur qu'il ne s'envole dans l'ouragan ; je constate que c'est lui qui me tire en l'air avec ses trente mètres de fardage. Réfugié à l'abri du cockpit, je repasse patiemment toute la longueur dans les poulies, le taquet et le winch sur lequel je peux enfin le tourner et le tendre. La bastaque est d'attaque, le mât est sauf et les lattes de la grand-voile miraculeusement intactes.

Il n'est plus question de quitter le cockpit. Le pilote, toujours incapable de tenir dans les surventes, n'en finit pas de me faire partir au tas. Voir le bateau couché en travers de la route avec les embruns qui le meurtrissent comme une jetée bretonne dans une tempête hivernale me fait mal, mais le plus dangereux reste la fin des grains. Je reste à côté de la commande du pilote pour amortir les abattées à pleine puissance.

À partir du dixième vrac, la tension n'est plus extrême. C'est fou, mais je m'y habitue. Je me rappelle *Kifouine* dans notre traversée du Pacifique sud. Quand le vent devenait trop fort, on attendait, la peur au ventre, que la mer ne soit plus blanche pour reprendre la barre en riant. Je me sens bien plus en sécurité aujourd'hui, même si personne ne blague avec moi sur la situation.

Au loin, dans les noirs désormais soudés de la mer et du ciel, se détache une ligne bleue fluorescente. Une vision d'iceberg pourtant impossible à cette latitude. La ligne s'épaissit en même temps qu'elle se rapproche. C'est une vague scélérate.

Escorté par une cohorte de déferlantes, le monstre luminescent est deux fois plus grand. Lentement, comme un roi au milieu de sa suite, il s'avance et m'hypnotise. C'est pour moi qu'il vient. Je me couche sur le ventre au fond du cockpit et je m'accroche de toutes mes forces pour parer l'impact. L'immense rouleau turquoise soulève le tableau arrière dans les airs et nous jette en avant comme un jouet. Il nous propulse dans un long surf et je respire. Droit devant, la lune me montre la sortie. Je n'ai plus qu'à la suivre pour passer de l'autre côté de la dépression. Il faut maintenant serrer le vent au maximum pour s'en extirper. Le vent faiblit de dix nœuds.

Il faut avoir vécu soixante-dix nœuds de vent pour apprécier pleinement l'esthétique d'une tempête de cinquante nœuds.

Le lendemain matin, au cap Finisterre, l'anémomètre n'indique que quarante nœuds mais les orages grondent autour, menaçants. Il fait sombre comme si la nuit allait tomber, alors qu'on en sort à peine. Un vilain pli au-dessous du chariot de têtière de la grand-voile attire mon attention. J'affale et je constate amèrement que le rail du mât s'est arraché. Je ne peux plus renvoyer la voile. C'est la goutte d'eau. Cela fait des jours que je lutte dans ma combinaison sèche et je n'en peux plus. J'abandonne. L'océan a gagné. Sans ma voile principale, ma vitesse chute d'un seul coup et dans quelques heures, les hydro-alternateurs ne fourniront plus assez d'électricité pour étaler la consommation des pilotes. Le vent très fort et le trafic maritime intense dans les parages rendent la navigation particulièrement scabreuse. Je m'en fous d'être presque à la fin de ma course, il faut que je trouve un abri pour réparer et reprendre mes esprits. Pour la première fois de l'aventure, je suis véritablement en danger.

Je pleure, mais les larmes ne coulent pas.

Je n'en ai plus.

Rua avance pourtant courageusement sous sa plus petite voile d'avant. La grand-voile est lamentablement remisée sur la bôme. Jusqu'à présent, je n'avais jamais été handicapé par un problème technique sans avoir une piste de solution pour espérer réparer. Mais personne ne va venir me tirer de ce mauvais pas. L'abattement ne peut durer éternellement. Il faut que j'essaie coûte que coûte.

Harnaché dans ma combinaison orange de survie, je démonte une à une, sous un déluge de vagues, les petites vis de huit millimètres qui retiennent le rail de mât. Dans la houle imposante du cap Finisterre, nous traçons notre route au près, affrontant encore quarante nœuds de vent glacé. J'invente une nouvelle discipline sportive : le rodéo bricolage aquatique. La grande difficulté étant de ne surtout pas perdre une vis dans les bonds sauvages de *Rua* au moment où je les remets en place. Au bout de quelques heures d'effort, je réenclenche le chariot de têtière mais les brins de la drisse mouflée – un cordage qui permet de démultiplier les forces pour hisser la grand-voile qui est trop lourde pour un homme seul – s'emmêlent, ce qui interdit définitivement toute tentative. Les trois fois trente mètres de cordage offrent une prise au vent beaucoup trop importante pour espérer faire quoi que ce soit. Je multiplie les essais mais rien n'y fait, le vent est trop fort. J'entame mes dernières réserves d'énergie. J'appelle Matthieu et Fabienne pour leur signifier mon abandon. Ils sont désemparés, paniqués parce qu'ils ne comprennent pas que je jette l'éponge si près du but, alors que tout le monde m'attend aux Sables d'Olonne. Soit je me détourne sur un port espagnol, soit je rentre travers au vent directement en Bretagne à la maison. Le vent soufflant à cinquante nœuds dans la direction des Sables d'Olonne, je ne pourrai jamais faire route sans pilote et sans grand-voile.

Pendant ce temps, *Rua* tire des bords, handicapé mais toujours valeureux. Le vent est si puissant que la moyenne reste malgré tout aux alentours de neuf nœuds, ce qui est plus qu'honorable. Je parviens à dormir quelques minutes. Le réveil est comateux. Le cauchemar n'a pas pris fin.

Je tente un autre essai en pleine nuit à la lumière de la frontale, mais le vent ne descend jamais en dessous de trente nœuds. Dans la manœuvre, mes deux genoux se vrillent, ce qui provoque deux petites entorses. Au cours de ces trois mois de mer, les muscles de mes jambes se sont atrophiés. La fatigue et les bonds furieux de *Rua* ont fini le travail. Mes jambes ne me portent plus et me font atrocement souffrir dès que je me lève.

Sur la côte nord de l'Espagne, au large du Cabo Peñas, les montagnes accélèrent le vent qui pulvérise la mer en fumée blanche. Je vire de justesse plein nord pour éviter la furie.

Dans cette vision d'apocalypse, je comprends la leçon. Je lâche. C'est l'océan qui décide de la fin de l'odyssée, même sur le pas de ma porte. On arrivera quand il l'aura décidé, quand il m'aura jugé digne de mettre pied à terre. Je resterai toujours son disciple et lui sera toujours mon maître.

Je tombe ruisselant sur mon pouf et je m'endors.

À mon réveil, quarante minutes plus tard, le vent a molli et l'anémomètre n'indique plus que quinze nœuds. Il fait même beau dehors. Un petit trou de bleu dans un planétarium de ciel gris, cela suffit pour que le soleil caresse mon visage. Cela fait si longtemps que je n'ai pas senti sa chaleur sur ma peau. Mais il n'y a pas de temps à perdre. Dans une heure, le vent va reprendre de plus belle, je le sens. Je me lève en hurlant de douleur car mes deux entorses me font atrocement souffrir. Je peux enfin manipuler la drisse et démêler ses brins sans trop de difficulté. Je renvoie la grand-voile. Même si elle est condamnée à rester arisée au troisième ris, qu'elle soit de nouveau à son poste est merveilleux. Immédiatement, la vitesse fait un bond et le vent de nordet qui s'engouffre rageusement m'ouvre miraculeusement la voie vers les Sables d'Olonne. Je n'ai jamais tiré des bords au près serré dans cinquante nœuds de vent établi. Je ne sais pas si j'en suis capable mais au moins, à trois ris, je suis toilé pour. Les batteries se chargent enfin grâce aux hydro-alternateurs. Je vais peut-être pouvoir finir la course.

Comme un geôlier soulevant un judas pour surveiller son prisonnier, l'océan me tient encore à l'œil.

Le deuil de l'harmonie

Le 13 février 2017, *Rua* et moi passons la ligne d'arrivée dans un trou de souris. L'océan entrebâille la porte de sortie et la referme aussitôt derrière. Je termine neuvième, et premier des nouveaux impétrants. Des dizaines d'embarcations virevoltent autour de nous dans des cris de joie. C'est irréel de voir autant de monde. C'est surtout inimaginable d'avoir réalisé le plus beau rêve de mon chemin d'homme. Ma famille, mes amis, mon équipe, Marie ; ils sont tous là pour m'accueillir. Je crois bien être heureux et fier, et pourtant mon cœur se serre. Au moment où je pose le pied à terre, mon harmonie si chèrement acquise se volatilise d'un seul coup. Il m'a fallu cinquante jours de souffrance pour la trouver et elle s'évanouit en un claquement de doigts. Les embrassades, les félicitations, les remerciements sonnent comme un deuil. On m'arrache à mon bateau. On ne me laisse pas le temps de le remercier alors qu'il me faudrait des jours pour le faire. Amarré sous les projecteurs de port Olona, la vie l'abandonne comme la daurade coryphène perd ses couleurs quelques secondes après sa mort. Je suis en train de te trahir, *Rua*. On me couvre de lauriers et je te perds.

*

Le 3 octobre de cette même année, Sam et moi partons dégourdir les écoutes de *Rua* en mer d'Iroise. Le bateau n'a pas navigué depuis la fin du mois de juillet. Il n'a pas goûté le large depuis le 13 février. Il s'est plié avec gentillesse aux courtes navigations dans la baie de Port-la-Forêt avec les mécènes de COMMEUNSEULHOMME. Je n'ai pas pris le départ de la Transat Jacques Vabre cette année. Je n'en avais ni la force ni l'envie. À vrai dire, je n'avais plus d'énergie pour rien.

Sam et moi retrouvons nos marques comme si notre arrivée au Brésil avait eu lieu hier.

La lune de mon tatouage brille pleine au-dessus de l'Atlantique sur une mer sublime. Dans l'immensité de son reflet, *Rua* cavale à perdre haleine toutes voiles dehors. Assis sous le roof au vent, dans la solitude de mon quart, l'émotion me saisit. C'est tellement beau que cela ne peut être que nos adieux. C'est la dernière fois que nous naviguons tous les deux, je le comprends maintenant. Je pleure. Je ne peux m'arrêter. J'ai l'impression que je n'ai jamais fait que pleurer.

– Mon Éric, c'est mieux pour moi et pour toi, tu le sais bien.

– Il te faut un skipper avec une volonté farouche, et moi j'ai tout donné.

– C'est pour ça que je t'ai choisi. J'ai toujours su que tu irais jusqu'au bout.

– Je n'ai jamais triché.

– Je te dois mon premier tour du monde.

– Et moi, je te dois tellement. Je suis désolé de t'avoir promis que nous continuerions à naviguer ensemble.

– Je t'ai laissé faire avec beaucoup de tendresse. Tu es un homme. Tes duels sont désormais terminés.

– Ils étaient vains et je suis fatigué.

– Adieux.

– Adieux, *Rua*.

Je caresse la paroi de carbone sous moi dans un torrent de larmes. C'est fini.

LIVRE SEPTIÈME

Ralentir
ou la théorie de l'avancement minimal

J'ai retrouvé *Ahoy*. Ma goélette de vingt et un mètres n'est pas un bateau rapide ni un engin de sport. Amarrée dans le port de Saint-Malo, à quelques heures du départ de la Route du Rhum, elle ne donne qu'une envie, c'est d'embarquer et de mettre les voiles, lentement.

À bord, au cœur de sa magnificence insolente, de son atmosphère qui évoque la navigation de la voile d'antan, avec ses fauteuils en cuir, sa cheminée, j'entends changer de méthode. Ne pas souffrir physiquement, mais m'ouvrir au temps et à la douceur. Un univers que je ne connais pas vraiment.

La lenteur, délibérée, comme un antidote, comme une réponse. Ou comme la plus saugrenue de mes idées. Après l'ivresse de vitesse de mon

Vendée Globe, je veux voir si je peux atteindre la même harmonie en allant plus doucement. Car s'il faut que je soulève une montagne à chaque fois que je veux ressentir un état de grâce collectif ou personnel, ma vie d'homme va frissonner de frustration.

Une belle idée sur le papier, décélérer dans un monde qui cherche des solutions à ses enjeux climatiques, mais vais-je pouvoir supporter de me traîner dans ce pas de côté ?

En me détournant de la vitesse et de l'adrénaline de l'action, je suis passé du statut de premier bizuth du Vendée Globe à celui de navigateur du dimanche : au cours de mes deux semaines de préparation au village de la course, j'ai eu la désagréable impression d'être dégradé aux yeux des organisateurs et des autres skippers. Je me suis senti à l'écart. Rares sont ceux qui m'ont pris au sérieux et se sont intéressés à ma démarche. L'émancipation pour explorer une autre voie vierge de traces a un coût élevé pour l'ego.

*

Je le sais bien mais je n'en ai cure, au début de cette onzième édition de la Route du Rhum dont le départ a été donné hier. La nuit d'automne est devenue d'encre et le vent est tombé au milieu des Sept Îles. *Ahoy*, toutes voiles dehors, commence à dessiner une route en crabe sur l'écran d'ordinateur car le courant contraire nous amène à la côte. Nous sommes trop lourds, il n'y a rien à faire.

À quelques centaines de mètres, les vagues brisent puissamment sur les rochers. La côte est toute proche et la crainte soudaine de m'échouer me saisit. Je prépare la pince coupante pour libérer le plomb qui enserre l'arbre d'hélice et interdit l'utilisation du moteur. Je veux être prêt à embrayer en catastrophe. Nous nous battons, *Ahoy* et moi, pour grappiller mètre après mètre vers le large. Heureusement, le courant à la côte perd en intensité et une légère brise nocturne nous ouvre in extremis la porte de sortie vers la Manche.

Au matin du deuxième jour, nous sommes quatorzièmes de notre classe. C'est nul. Je me sens jugé, emprisonné par cette compétition binaire qui compare la vitesse et le classement. Pourquoi ne comptabilise-t-elle pas nos prises de risque, nos peurs affrontées, nos petites victoires ?

Plusieurs grosses dépressions successives sont annoncées sur le nord atlantique. Depuis une semaine, les prévisions sont mauvaises. Les bateaux les plus rapides, les Ultim, comme les Imoca, sont loin devant et vont sans doute pouvoir éviter les fureurs du ciel et des flots. Pour moi comme pour les autres, cela semble impossible. L'enfer s'approche et nous appelle de son inéluctabilité. La direction de course invite à la raison, à chacun de choisir s'il s'arrête ou s'il accepte d'affronter les éléments. J'ai déjà ma réponse, mais les vieux démons terriens me jouent des tours et me font hésiter. Pourtant, dès qu'il y a un doute, c'est qu'il n'y a plus de doute.

À onze heures du matin, je décide de m'arrêter à l'Aber-Wrac'h, et je me sens déjà mieux.

Même si nous allons rester coincés ici pendant cinq jours, je suis heureux car je suis au cœur de ce que je suis venu expérimenter. Je laisse *Ahoy* solidement amarrée au port et je rentre chez moi, à la Forêt-Fouesnant. Commence alors sur mon canapé, à cent kilomètres du bateau, une régate étrange devant mon ordinateur, à attendre la bonne fenêtre météorologique. La moitié de la flotte a pris la même décision, quand l'autre encaisse de plein fouet la première dépression.

Après trois jours de réclusion volontaire, je me décide à sortir. Comment pourrais-je vivre normalement alors que tout mon esprit est en course ? L'inaction me bouffe de l'intérieur. Pourquoi ne suis-je pas en mer avec les autres, les courageux, ceux qui prennent la course au sérieux et affrontent les éléments ? Et que pense-t-on de moi ?

Je me botte les fesses pour me changer les idées. Sur le parking du Cinéville de Concarneau rendu brillant par la pluie et la lumière des lampadaires, je cours pour rejoindre la salle avant d'être trempé. Dehors, en mer, ça doit être coton.

Toujours officiellement en course, je m'enfonce dans le velours des sièges et je regarde *Le Grand Bain*, la comédie du moment. La morale du film résonne aussi pur qu'un tintement de cristal. Faire les choses à sa manière est toujours la meilleure, car c'est la nôtre. Soudain ragaillardi par une force insoupçonnée, je souris de l'ironie de la situation. Comme si j'avais compris plus de choses en m'arrêtant et en allant voir un film qu'en fonçant dans la tempête. Pour avoir refusé de me battre en duel avec l'élément liquide, je trouve paradoxalement le carburant puissant pour me pousser en avant. La voie la plus difficile n'est pas forcément la meilleure.

Le lendemain, heureux, je reprends la route pour le pays des Abers, libéré, sûr de moi. Un territoire à la virginité reconstruite m'attend sur l'océan.

Je n'ai plus peur, je ne crains plus rien. Au cours de ma carrière de marin, loin du marketing de l'héroïsme, j'ai toujours essayé de devenir mon propre héros. Pas à pas, j'ai apprivoisé en intime la peur, tout en restant vulnérable et sensible : le véritable brave est celui qui connaît sa fragilité et n'en fait pas mystère.

Le mépris de la peur, qui semble être la définition actuelle de l'héroïsme, n'est pas autre chose que le refus de notre humanité. C'est une sorte de détestation de soi, des autres et de la nature qui nous entoure.

Du temps pour aimer

Je suis donc reparti sur un océan Atlantique qui portait encore les stigmates des trois tempêtes successives qui l'avaient balayé. La mer était toujours démontée. J'ai franchi les montagnes de houle en tirant des bords carrés dans un vent faiblard. Je me suis surtout confronté au vide de mes premiers jours de course. Je ne savais plus comment habiter le temps. J'aurais pu faire à manger, pêcher, fabriquer quelque chose, lire, écrire… Mais non, je ne faisais rien. *Ahoy* n'était pas assez rapide et se plantait lamentablement dans les molles de vent. Je m'agitais en vain. Je l'insultais.

Mon bateau se battait pourtant fièrement contre les vagues qui se brisaient de chaque côté de sa proue. La moindre accélération arrachée au vent et aux flots était un petit miracle. Réussir cette aventure impliquerait d'abord de réussir à me satisfaire de cela, mais je n'y parviens pas. Je m'enfonçais plus avant dans des spirales négatives. Il était absurde de faire cette expérimentation en course. Ceux qui me critiquaient sur les réseaux sociaux avaient raison. J'étais seul, comme un con, face à l'immensité de l'Atlantique avec mes lubies insensées. Penser la décélération devant un carnet ou un ordinateur, c'est bien joli, mais l'éprouver in situ ressemblait à un calvaire. J'ai maudit mes belles paroles prononcées devant les journalistes avant le départ. J'aurais voulu de la vitesse. Mais l'on veut toujours ce que l'on n'a pas.

À bord d'*Ahoy,* deux sentiments cohabitaient comme au sein d'un couple qui se délite mais doit encore vivre ensemble dans le même logement. Je ronchonnais parce que c'était trop long, trop lent, que la solitude se révélait trop pesante et que je n'intéressais personne. Cela faisait quinze jours que j'étais parti et je n'avais reçu que deux coups de fil de la communication de la course. Elle ne répondait même plus à mes messages. Avec près de cent concurrents, les organisateurs étaient surchargés et la priorité allait aux avant-postes. Les bateaux sont tellement rapides qu'aujourd'hui le suspense a été plié en moins d'une semaine. Il y a quarante ans, Mike Birch, le premier vainqueur de cette course ayant lieu tous les quatre ans, avait mis vingt-trois jours pour finir dans un duel d'anthologie avec Michel Malinovsky.

Ce n'est pas forcément la vitesse qui donne les plus belles histoires.

Il m'est aussi arrivé de vivre des moments de grâce au milieu des vagues immenses. Une voix intérieure m'invitait timidement à profiter de l'instant. Le vent rugissait dans le passage du front avec des rafales à plus de cent kilomètres heure, le bateau taillait sa route en brave, soulevant puissamment d'énormes embruns de chaque côté de l'étrave. Mais le temps se détériora encore et bientôt *Ahoy* émit une suite de craquements lugubres. Rongé par le stress, je priais pour que le baromètre freine sa chute. Mais ma goélette encaissait les coups de boutoir de la mer sans broncher, comme si rien ne pouvait la casser. En fin de journée, j'eus même le temps de me préparer à manger pour penser à autre chose.

Deux heures plus tard, le front passa et le vent adonna enfin. Nous pouvions glisser dans le ciel de traîne. Alors que je devais jusqu'à peu me cramponner pour uriner sur le caillebotis du cockpit, je pissais désormais directement dans l'eau sous la lune, ma vieille complice. Son éclat nous félicitait d'avoir passé le front comme des chefs et je la remerciais de nous avoir guidés.

L'astre qui m'a toujours montré la bonne direction me recommanda encore un peu de vigilance. À un kilomètre au vent, il y avait ce gros nuage noir et bas. L'anémomètre a fait un bond à quarante nœuds et, dans un chaos gigantesque, ma damoiselle de quarante-cinq tonnes a labouré le champ bosselé des vagues à plus de dix nœuds.

– Liberté !

Je ne pus m'empêcher de hurler le frisson qui me parcourait le corps. Je l'avais déjà connu, sur *Rua Hatu*, sur *Libertalia*, sur *Jolokia* avec Team Jolokia et le Défi Intégration. Comme au guidon de ma vieille Honda.

Ce n'est pas la vitesse qui procure l'adrénaline, c'est l'accélération. Tout est toujours si relatif.

*

Nous avons continué notre glissade sur l'Atlantique pendant des jours. À la hauteur des Canaries, j'ai pu quitter les cirés et les couches de polaires. L'étrave tournée vers la Guadeloupe, je lovais tranquillement le bout d'enroulement du code zéro sur la plage avant d'*Ahoy*, point final de la lourde manœuvre d'empannage. Je ne me précipitais pas pour goûter pleinement ce geste répétitif qui symbolise à lui seul le travail bien fait. J'en profitais pour faire un grand tour d'horizon. Un couple d'oiseaux s'amusait sur tribord à une dizaine de mètres. Je me suis assis sur la claire-voie pour bien observer leurs ébats. C'est la première fois que je prenais le temps de contempler des oiseaux sur cette traversée. La mer était d'un bleu profond et le ciel sans nuage. *Ahoy* filait à bonne allure mais je ne voulais plus arriver. Il m'avait fallu seize jours pour me sevrer de la vitesse et devenir maître de mon rythme. Il ne me restait que dix jours pour profiter de cet équilibre chèrement acquis. Cette nuit-là, la lune se leva au-dessus de nuages bas en un croissant ouvert vers le haut. J'ai fait la paix avec la mort. Je ne fais plus la guerre à la vie.

Je me sens vivant.

Nous ne passerons pas la ligne d'arrivée avec *Ahoy*. Elle s'était fermée huit heures avant notre passage, mais nous avons fini la course en contournant la Guadeloupe par l'ouest, conformément au règlement. Pour la beauté du geste, du temps passé, du bonheur.

Je fermais un long chapitre de ma vie, quinze années dédiées à la quête de l'harmonie. Je croyais avoir trouvé un chemin vers l'Autre et vers moi. Je voulais arrêter d'éprouver ; je voulais écouter. Marie m'a rejoint à bord. Nous sommes partis vers le Pacifique à la recherche d'autres femmes et hommes dont le dessein inavoué est de créer l'unité entre les êtres humains.

Intermezzo #9

*Novembre 2019, îles Marquises, à bord d'*Ahoy.

Hakahetau, le village principal de l'île de 'Ua Pou, a retrouvé une vie à peu près normale après que, quatre jours durant, les Marquisiens ont célébré leur culture au cours de leur fameux Festival des Arts. La grande rue monte doucement vers la cabine téléphonique, l'école, l'église, puis la petite épicerie. Plus loin se trouve une maison derrière un panneau jaune où est inscrit « Ti'Piero », la maison de Pierrot en breton.

Impossible de savoir si c'est un bar, un restaurant ou la maison de particuliers. Nous pénétrons dans ce que je considère être un salon. Sur la table de la salle à manger, un homme est allongé torse nu. Un autre Marquisien est penché sur son épaule.

Il le tatoue à l'aide d'un démographe sans fil. Le dessin est presque fini. C'est magnifique. Le tatoueur nous regarde, fatigué. Sous sa barbe, à droite de la bouche, une large bande noire tatouée barre son menton et file vers la nuque.

– Kaoha, lui dis-je en mettant de la force dans mon salut comme Steeven me l'a appris.

L'homme sourit.

– Kaoha Nui – ce qui veut dire « grand bonjour ». Vous voulez boire quelque chose ?

– Oui, une bière. Il y a du wifi ?

– Oui, le code est écrit ici.

Il nous indique une feuille de papier déchiré sur la table basse.

Nous nous installons dans un coin de façon à pouvoir observer l'artiste, mais il fait bientôt trop sombre. L'homme à la bouche tatouée ôte ses gants de latex. L'autre a l'air de ne plus en pouvoir. Dans un mélange de marquisien et de français, les deux cousins – puisqu'ils s'appellent ainsi – se donnent rendez-vous demain au retour de la lumière du jour.

L'homme parti, le tatoueur se laisse tomber dans le fauteuil à côté de moi en soupirant. Je lance la conversation.

– C'est pratique, cet outil à piles.

– Oui, très ! C'est le matériel que je prends quand je voyage.

– Tu ne travailles pas ici ?

– Non, je suis tatoueur en France, à Lorient.

– C'est pas vrai ! Je vis à la Forêt-Fouesnant, à quarante-cinq minutes de Lorient.

– Les Bretons, ça se balade beaucoup ! dit-il en riant. Je profite d'être là pour tatouer la famille. Comme les meilleurs tatoueurs des Marquises exercent en France, les gens d'ici n'ont pas accès à de belles pièces. Ils sont tatoués n'importe comment. Ça m'énerve. Alors, quand je viens en vacances, je n'arrête pas de tatouer. Mais j'adore ça.

Areki, de son nom marquisien, et Alexandre, de son nom français, est métis. Sa mère est de 'Ua Pou et son père est un pied-noir d'origine italienne.

La soirée démarre bien et les bouteilles de bière s'accumulent sur la table basse.

– Tu vois cette barre noire sur ma bouche ? Ce sont les Marquisiens qui m'ont dit de la tatouer alors que je ne suis que demi. Elle est dédiée aux gardiens de la culture. C'est parce que c'est ma vie qu'ils m'ont offert l'honneur de porter ce tatouage. Quand je suis arrivé ici pour la première fois, je ne parlais pas la langue. Tu te rends compte ? Je n'ai pas pu échanger avec mon grand-père de son vivant. C'est une de mes grandes tristesses. Alors, j'ai appris. Je suis devenu celui qui raconte aux Marquisiens leur culture.

– Depuis deux mois que nous sommes ici, nous n'avons rencontré quasiment personne qui connaît vraiment l'histoire des Marquises.

– C'est parce qu'il n'y a pas si longtemps il nous était interdit de pratiquer notre culture, de tatouer, même de danser. Parler marquisien était considéré comme honteux. L'État français a fait beaucoup de mal par le passé mais c'est un Blanc qui nous a permis de reprendre notre culture, un Breton comme toi, monseigneur Le Cléac'h. Ici on l'appelait « Teikimeiteaki a Punatete », le prince qui vient du ciel.

Je lui raconte Steeven, mon tatouage, la force de Rua et le sentiment de culpabilité qui m'habite depuis.

Areki écoute avec attention.

– Montre-moi ton tatouage.

Je me lève et je retire mon T-shirt.

– Où l'as-tu fait ?

– À Huahine par Tihoti.

Areki connaît visiblement le tatoueur.

– Il n'y a rien de choquant. Tu n'as pas volé les motifs de quelqu'un d'autre et ce dessin est polynésien, pas marquisien. Tihoti, ton tatoueur, est un exemple pour toute ma génération. Je pense qu'il a dû mettre une grande intention dans son tatouage pour qu'il t'aide autant sur ton voyage.

– Mais je ne pourrais supporter d'avoir pris une force qui n'est pas à moi.

– Tu ne peux pas voler un dieu. Tu ne peux pas t'accaparer une part de ce qui est indivisible. Et puis tatouer les Blancs a toujours été un honneur

pour les Marquisiens parce que votre peau révèle admirablement les motifs. Nous avons toujours pratiqué notre art sur les Blancs parce que si nous ne le faisions pas, nous pensions que cela allait attirer le mauvais œil sur notre communauté. Donc ça ne tient pas, son histoire. Aux Marquises, tout le monde a toujours été tatoué. Nobles, guerriers, paysans, femmes, hommes…

– Mais vous n'avez pas choisi de voir débarquer les Blancs chez vous. Je comprends que cela peut être perçu comme une nouvelle forme de colonialisme de vouloir s'approprier votre culture.

Areki grogne en se levant. Il repart chercher des bières.

– Éric, si tu n'avais pas été choisi, tu ne serais jamais arrivé au bout de tes aventures. Le mana n'est pas réservé seulement aux Marquisiens, le Tiki choisit qui en est digne. Avec tes aventures, tu as démontré ta force spirituelle. Tu mérites plus d'être tatoué que de nombreux Marquisiens. Parce que tu es légitime.

Avec Marie, nous avons quitté les Marquises le 3 janvier 2020. J'ai la sensation que je ne reviendrai jamais, que ma vie n'est plus là. Nous sommes partis vers le nord en direction de Hawaï. J'ai trouvé une place au port, à Honolulu, pour hiverner le bateau le temps de chercher ma nouvelle aventure.

Le sombre Steeven et le lumineux Areki se battent en moi. Je désire que la lumière l'emporte, mais mon Marquisien m'obsède. Je n'ai jamais volé personne, mais je n'ai pas respecté sa tradition. Je me suis servi sans prendre le temps de la comprendre et de l'aimer. Je l'ai consommée trop vite, comme en passant.

Nous avons retrouvé notre maison bretonne quelques semaines plus tard, nous nous y sommes installés de nouveau tandis que le Covid-19 modifiait notre rapport à l'instant présent. Le temps s'est arrêté un moment. Après une semaine de frustration et de colère, j'ai commencé l'écriture de ce livre sans vraiment savoir ce qui allait advenir ni de notre monde ni de notre vie.

L'encre a coulé depuis, à petits bouillons, l'eau aussi, plus fortement. Une nuée d'espoirs en a jailli. Il me restait des choses à faire, alors je suis reparti. Cinq ans après mon dernier jour de course à bord d'un Imoca, j'ai loué *Hubert*, le bateau de Jean Le Cam, et nous l'avons préparé pour que je sois prêt en mai 2023 à m'aligner sur la Guyader Bermudes 1000 Race, une épreuve en solitaire entre Brest et Brest.

Ça a été dur, mais j'ai retrouvé quelques sensations et fini septième parmi une trentaine de concurrents rompus à l'exercice. Quelques semaines plus tard, en juin, j'ai pris le départ de la Vendée Arctique, périple qui emmène les concurrents vers l'Islande et retour. Là encore, je me suis senti bien et j'ai terminé quatorzième d'une course où la casse fut pléthorique.

Je revenais en forme, jusqu'à ce terrifiant mois de septembre. Alors que je me promenais sur la plage avec mon chien, devant la maison, lorsque j'ai voulu rentrer, je me suis mis à tituber, incapable de marcher droit. Ma tête me tournais, j'étais en perte d'équilibre ; j'ai rejoint la maison tant bien que mal. J'ai cru que j'étais victime d'un AVC, je me suis mis à vomir, j'ai appelé Marie qui a couru à mon secours. J'ai paniqué jusqu'à ce que je parle à un médecin, qui m'a dit que je devais avoir un souci d'oreille interne, ce qui n'était pas si rassurant.

J'ai obtenu un rendez-vous trois jours plus tard chez un kiné vestibulaire que je connaissais, spécialiste de ce genre de syndrome. Je m'y suis rendu en voiture, assis sur le siège passager, avec un seau pour cracher ma bile et ma souffrance. Le diagnostic a été sans appel, je souffre d'une névrite vestibulaire : les connexions sont rompues entre mon oreille interne droite et mon cerveau. Définitivement. Sans espoir de guérison.

Pas de remède, pas de soins, la seule solution selon le spécialiste est de « se sortir les doigts... et de vivre comme si de rien n'était ».

– D'ailleurs, a-t-il poursuivi, demain vous reviendrez me voir en voiture, mais c'est vous qui conduirez.

Je lui ai rétorqué que j'en serais incapable.

– Vous y arriverez, j'en suis sûr. En rentrant chez vous, tout à l'heure, commencez par faire le tour de votre jardin.

Cela faisait trois jours que je n'arrivais pas à me lever seul de mon canapé, que mon champ de vision avait rétréci au point de voir l'horizon comme au travers d'un rouleau de Sopalin, et pourtant j'y suis parvenu. Le lendemain, de retour chez le kiné, il m'a fallu quinze minutes pour faire mon créneau…

Nous avons travaillé pendant une semaine, jusqu'à ce qu'il me demande quels étaient mes projets. Je lui ai répondu que dans quinze jours, je devais prendre le départ du Défi Azimut, une course en « faux » solitaire de deux jours où chaque skipper est accompagné d'un mediaman chargé de filmer et de photographier ce qui se passe à bord, sans intervenir dans la gestion du bateau. Seulement, je n'étais plus sûr d'en être capable. Je vivais dans un déséquilibre permanent, je luttais pour rester debout et stable.

Le kiné m'a dit qu'il était persuadé que j'allais y arriver. Il m'a donné des exercices à répéter d'arrache-pied pendant ces quinze jours. La veille du départ de l'épreuve, j'étais encore hésitant, je n'étais pas vraiment d'aplomb, mais je me suis décidé à participer. En mer, je me suis senti mieux, je perdais moins l'équilibre, entre la gîte du navire, les nombreux points où m'accrocher à l'intérieur comme à l'extérieur. J'ai bouclé la course en me disant, rassuré, que tout était encore possible, parce que le corps humain dispose de ressources infinies.

Depuis, j'ai un peu récupéré, même s'il m'a fallu quelques mois pour me remettre à courir et à faire du vélo. Et depuis, je m'ingénie à suivre une routine gymnastique, tous les jours, malgré la fatigue, malgré l'envie de m'allonger et de dormir.

Je n'ai plus d'oreille interne à tribord. Le seul bénéfice que j'en tire est que je ne ressens plus le mal de mer : n'ayant plus qu'une oreille interne, la gauche, les deux ne peuvent plus se déséquilibrer.

C'est le cerveau qui bosse, et quand je suis fatigué, il m'arrive encore de perdre un peu mon équilibre.

J'ai fait la Route du Rhum dans la foulée, en novembre, soit deux mois après ma névrite, en étant bien diminué. Et je l'ai finie, empli d'une grande fierté. J'ai à nouveau su que j'avais en moi des ressources insoupçonnées et qu'il fallait que j'aille au-delà de ma peur pour les découvrir.

Intermezzo #10

Bretagne, 2024.

– Chez nous, les Marquisiens, on dit que le tatouage n'est qu'une forme de vérité que l'on découvre une fois que l'on a enlevé la peau…

Après mon premier Vendée Globe, j'étais convaincu qu'il me faudrait une nouvelle illustration, tracée au plus profond de l'épiderme. Je devais pour cela trouver le bon tatoueur qui m'aiderait par son geste et son dessin à me sentir bien. La mystique de l'encre incorporée, du dessin choisi et surtout la personnalité de l'artiste sont à mes yeux autant de critères à remplir. Alors, un jour, je suis revenu voir Areki à Lorient, dans sa boutique du centre-ville qu'il partage avec un cousin. C'était lui et aucun autre, parce qu'il possède « l'intention », cette application mystique, voire magique, pour réaliser ses œuvres. Le tatouage que je désirais devait vibrer en moi et Areki était le seul à pouvoir accomplir une telle prouesse.

Je me suis assis dans sa petite cellule, sans idée précise, désireux de m'en remettre à ses compétences, à son vécu, tout en partageant nos histoires. Nous avons passé une matinée à discuter, à parler de Steeven, à nous raconter tout ce qui nous était arrivé depuis notre rencontre aux Marquises. Je lui ai confié tout ce que j'avais sur le cœur.

Il m'a écouté puis m'a dit que ce dont j'avais besoin, c'était d'un dessin qui allait me guider dans l'action. Comme je suis droitier, il fallait qu'il soit sur l'avant-bras droit pour que je le voie tout en m'activant. Il m'a expliqué que cela me rappellerait « la force du Tiki », ce dieu marquisien pas si différent de ceux que certains adorent dans d'autres parties du monde.

Nous avons également évoqué mes peurs, parlé de la connaissance de soi, de ma compréhension du monde. Areki m'a ensuite prêté deux livres dans lesquels sont répertoriés tous les symboles de son peuple pour que j'y pioche de quoi réaliser un assemblement qui resterait unique. J'ai mis des post-it sur les dessins que j'aimais, deux en particulier, la déferlante et l'étoile. La première parce qu'elle est la seule représentation de la peur chez les Marquisiens, la seconde parce qu'elle est très belle, qu'à mes yeux elle ressemble à une boussole, mais surtout parce qu'elle symbolise l'au-delà et la connaissance.

Manière aussi de ne jamais oublier que c'est dans l'inconnu que j'ai appris à me connaître.

La proposition d'Areki de me tatouer sur une partie visible du corps m'a en revanche un peu surpris : j'ai toujours trouvé ça magnifique, mais je n'osais pas. Passer du tatouage caché, sur mon dos, que personne ne voit à part peut-être à la plage l'été, au dessin ancré sur l'avant-bras m'impressionnait. Et puis, je me suis dit : « Lâche-toi ! C'est toi et toi seul qui décide. »

L'artiste a commencé à dessiner au crayon tous les détails. C'était déjà magnifique. À la fin de la première journée, il a repassé les contours avec un très fin trait de tatouage pour que l'ensemble ne disparaisse pas avant que je revienne le voir.

Je suis resté quelques semaines avec ces esquisses sur le bras, si magnifiques que plusieurs personnes m'ont dit de les laisser ainsi.

J'y ai pensé et puis, je suis retourné chez Areki pour deux jours de remplissage ; deux jours de pause où, allongé, je n'avais rien d'autre à faire que penser et échanger. Ce fut douloureux, certes, mais c'est beau à pleurer. En sortant, j'avais la sensation que ce nouveau tatouage avait toujours été là. Comme s'il avait enlevé une surface de ma peau et mis à jour ce qu'il y a au fond de moi.

La déferlante et l'étoile sont désormais avec moi, sur mon avant-bras, là où le membre montre aux autres sa puissance et ses muscles. L'une et l'autre me donnent leur force, notamment quand je manque d'énergie, ou que je suis encore en proie au doute.

Normalement, je devrais retourner voir Areki. Le tatouage n'est pas fini, il manque des symboles pour le « fermer ». Je reviendrai sans doute m'allonger dans la petite cellule de la boutique, une fois terminé le Vendée Globe. Nous verrons alors, Areki et moi, jusqu'où m'a emmené la course, ce qu'elle m'aura appris, ce qu'elle m'aura donné envie de faire pour terminer notre travail en commun.

Parce que seuls les livres ont une fin

« I know the reason why you think you gotta leave
Promises of future glory don't make a case for me
I did my best and all the rest is hidden by the clouds
I can't carry you forever, but I can hold you now »

Ces paroles sont extraites de « Hold You Now », une chanson du groupe Vampire Weekend. Elle fait partie de mon court répertoire pour endormir Léna, avec « Pancho and Lefty », la chanson de Townes Van Zandt, chanteur de folk génial et maudit, et « Ghost Towns » d'un autre chanteur américain, plus récent, nommé Radical Face.

Lorsque je l'ai entendue pour la première fois, cette chanson m'a fait pleurer à chaudes larmes.

J'étais en train de naviguer dans le Pacifique, à bord de ma goélette. J'avais téléchargé et emporté avec moi quelques podcasts de France Inter, dont les remarquables émissions de Michka Assayas. Et je suis tombé sur ce « Hold You Now », morceau sorti de nulle part qui m'a flanqué une véritable claque. Pas une chanson extraordinaire, même si son refrain a été repris dans la pub d'une compagnie d'assurances, mais j'ai craqué en l'entendant.

C'est l'histoire d'un père qui marie sa fille et qui s'apprête à la voir partir, et c'est horrible. Je n'étais pas encore père, Marie n'était pas encore enceinte, mais c'est comme si j'avais su qu'un jour Léna arriverait et qu'un autre jour, bien plus tard, elle partirait.

J'ai compris ce que pouvait signifier le temps qui passe, la vieillesse qui se rapproche et le bout du chemin vers lequel nous nous dirigeons tous. Rien que d'y penser, rien qu'à entonner ce refrain pour Léna, l'émotion m'étreint et la fabrique à larmes se remet en marche.

Ce soir, elle dort dans sa chambre à l'étage, je redescends doucement vers le salon. Ses fenêtres sont tournées vers l'océan. Mon œil furète autour des éléments de décoration, images et vestiges de souvenirs engrangés, de bonheurs plus ou moins furtifs, cadeaux inestimables… Comme ce dessin de Nicolas Vial, artiste multiforme et peintre officiel de la marine qui nous a été offert par le père de Marie pour notre mariage, comme ce drapeau américain élimé confié par Rich Wilson après son arrivée au Vendée Globe, ou plus encore, comme cette maquette que mon père a construite de ses mains, avec des cageots, du balsa, des matériaux de récup. J'y accorde une portée au-delà du symbole. Mon père ne s'est pas beaucoup occupé de moi, mais je sais qu'il a fait de son mieux. C'est aussi à cause de lui, ou grâce à lui, qui sait, que je suis devenu ce que je suis. Un jour, il m'a offert cette maquette ; ce n'était pas une surprise, il m'avait dit qu'il en avait entamé la fabrication, mais j'avais été très touché en pensant au temps qu'il y avait passé, au mal qu'il s'était donné, à sa dévotion. Certains pessimistes affirment qu'il n'y a pas d'amour, mais seulement des preuves d'amour. Fausse observation. Là, j'avais les deux dans le même bateau.

Quand je le regarde, j'essaie d'imaginer les trésors d'inventivité que mon père a déployés pour parvenir à ce résultat. C'est la collision d'un imaginaire, le sien, et d'une réalité que j'ai pu toucher de mes propres mains. C'est merveilleux.

Comme est merveilleuse cette mappemonde, fascinante et transcendante, qui se tourne à la main et s'éclaire, posée sur une petite table. Parfois, avec Léna, j'éteins les autres lumières de la pièce et je l'allume. Ma fille est encore petite, trop petite pour atteindre l'hémisphère nord, alors ses doigts ne parcourent que l'hémisphère sud. Je lui raconte des choses : « Papa est allé là… a passé ce cap et celui-ci… Regarde ces îles, un jour nous irons ensemble avec maman. » Mais avant qu'on y aille, j'espère lui avoir appris que les beautés mystérieuses de la géographie se dévoilent déjà lorsque l'on referme la porte de sa maison et que l'on regarde devant soi.

*

Je vais repartir, je vais à nouveau naviguer seul, je vais me mesurer aux immensités liquides, à moi, aux autres. Le 10 novembre prochain, à la barre de *Stand as One*, je m'élancerai avec trente-neuf marins de la même trempe que moi. Les sens en éveil, empli de gratitude et de respect, avide de sensations et d'universalité, le ciel et l'océan comme témoins des soubresauts de mon âme. En attendant, je regarde la mer, elle qui est le miroir mouvant de mes espoirs et de mes attentes. Retrouverai-je l'état de grâce que j'ai connu il y a huit ans ? Plongerai-je à nouveau au plus profond de celui que je crois être ? Vais-je découvrir de nouvelles ressources insoupçonnables ? Parviendrai-je à prendre le recul nécessaire pour vivre avec moi-même sans oublier les autres ? Pour l'heure, je suis sans crainte. Ce qui n'est pas si fréquent.

Remerciements

Toutes mes aventures sont le fruit et la source des rencontres qui ont changé ma vie. C'est ce qui reste de vivant à la fin quand les DVDs, les trophées et même les livres prennent la poussière dans les bibliothèques.

Merci à mes parents qui m'ont offert une belle enfance et le goût du défi en prime.

Merci à Marie (Lattanzio) qui partage ma vie et m'aide à trouver le chemin.

Merci à Gonzague de Blignières d'être le grand frère que je n'ai pas eu.

Merci à Raphaël Palti qui me fait confiance.

Merci à *Kifouine* et à mes deux frères Kifouineurs Brice Monegier du Sorbier et Hervé Olagne avec qui j'ai découvert l'Aventure. Merci aux jeunes de l'espoir Réalizé et leur famille pour leur confiance.

Merci à *Jolokia* et à l'équipage du Défi Intégration : Laurent Marzec, Chloé Henry-Biabaud, Justine Gaxotte, Olivier Brisse, Gregory Dunesme, Nicolas Meisel, David Viguier. Merci aux mécènes qui ont cru en nous et nous ont permis de transformer le rêve en réalité : Total, Lafarge, TF1, Proparco, AFD et l'Île Maurice.

Merci à *Libertalia* et au premier équipage de Team Jolokia : Pierre Meisel, Gaël Renault, Benoît Guillon, Benoît Delrue, David Treguier, Joel Paris, Olivier Brisse, Julie Boenec, Marc-Albert Cochard, Pénélope Marcq, Mathilde Legris, Miléna Schoenahl, Daniel Zanardelli, Laurent Helou, Emmanuel Gaven, Lucas Falco. Merci aux entreprises mécènes pour leur enthousiasme : Sopra Steria, TF1, Lafarge, L'Île Maurice. Merci à Robert Iseni pour ton rire.

Merci mon *Rua Hatu* et l'équipe de COMMEUNSEULHOMME : Fabienne Lemaignen, Matthieu Hacquebart, Gaël Renault, David Treguier, Arthur Bois, Sam Goodchild, Gregoire Caillibote, Guillaume Trotte, Alain Massot, Audrey Godard, Julien Tinel, Laura Prigent, Philippe Thomas et Matthieu Honoré.

Merci aux quatorze partenaires : Salesforce, Klesia, Raise, Altavia, Lease Plan, EM Lyon, SGS, EY, Phone Régie, Pernod Ricard, Thuasne, Trepia, Nicoll et TF1 Publicité.

Merci à *Ahoy* et son équipage dont Veronique Melquion, Lucas Gourlaouen, Noémie Bigot, Alexandre Nicodème et Antoine Carmichael. Merci aux partenaires qui ont cru dans ce projet très décalé : Salesforce, Klesia, Raise, Altavia, Emmaüs et You don't need us.

Merci à *All-In* de me faire confiance et toute l'équipe de STAND AS ONE, dont Camille Adam, Arthur Dahringer, Cloé Gallo Hueso, Simon Febvre, Leane Carnec, Bertrand Lavayssière, Mael Troel, Aude Rello, Thibaud Kerisit, Paco Borie, Amandine Jaffres, Bertrand Delesne, Pierre Robin, Jeremie Le Floch, Christian Roche, Laurence Caraes, Lucie Hardy, Yves Quéré. Merci à nos partenaires visionnaires : Altavia, Workday, Saipol (Groupe Avril), BFM Business, Raise, Ayvens, Bermudes. Merci à Thibaut Basquin, Sebastien de Lafond et Thibaut Adrien qui nous soutiennent.

Merci à Fred de Brem qui me conseille si justement. Merci à Jean Le Cam, Anne Le Cam et aux équipes Mervent pour leur engagement dans notre mutualisation. Merci à Felix de Navacelle, David Raison, Hervé Devaux et Xavier Drouin d'avoir conçu un bateau si élégant.

Merci à Gérard Janichon pour m'avoir donné le goût d'écrire. Merci à la marine Nationale qui sont de véritables marins solidaires. Merci à Patricia Ricard pour son amitié durable. Merci à Isabelle Autissier pour ses conseils dans les moments de doutes.

Merci à CMA CGM, Jacques Saadé, Tanya Saadé Zeenny, les équipes de la fondation CAM CGM et de CEVA Logistics pour le transport des bateaux.

Merci à Jean Cottin qui a fait de moi un réalisateur de cinéma. Merci à l'Amiral Pierre-François Forissier, l'Amiral Marc de Briançon, Marc et Natalie Pinta, Nathalie Vincent, Pascal Waldmann, Thierry Willieme, Denis Horeau, Benoît de Ruffray, Jean-Luc Baras, Michel Desjoyeaux et l'équipe de Mer Agitée, Jean-Marc Le Gac, Lydie Lemaire, Nicolas Henry, Antoine Lattanzio, Clara Gaymard, Charles-Etienne Devanneaux, Mat Bastard et à toutes les belles personnes qui nous ont aidés et que je n'ai pas pu citer ici par manque de pages.

Merci à Benoît Heimermann et à Rémy Fiere qui ont grandement œuvré pour ce livre.

Cet ouvrage a été composé
par PCA
et achevé d'imprimer sur Roto-Page
par l'Imprimerie Floch à Mayenne
pour le compte des Éditions Stock
21, rue du Montparnasse, 75006 Paris
en août 2024

PAPIER CERTIFIÉ

Stock s'engage pour l'environnement en réduisant l'empreinte carbone de ses livres. Celle de cet exemplaire est de :
600 g éq. CO_2
Rendez-vous sur www.editions-stock-durable.fr

Imprimé en France

Dépôt légal : septembre 2024
N° d'édition : 01 – N° d'impression : 105391
65-07-373/24

En 1980 avec mon père, chez mes grands-parents, à Saint-Grégoire. À 6 ans, la casquette de mon arrière grand oncle sur la tête.

Mon tout premier bateau, pour mes 3 ans.

En 2024 à Rome, en famille, lors d'une pause très rare.

© Kifouine

La couverture de *Voiles et voiliers*, à notre retour de tour du monde avec *Kifouine* en 2006.

© Kifouine

À bord de *Kifouine* en 2004.

© Kifouine

Escale à Tahiti en 2006. Les joies d'une aventure partagée avec les jeunes de PasseR'aile à l'autre bout du monde.

© Kifouine

Passage du Canal Beagle en Patagonie avec *Kifouine*, en 2005.

© Chloé Henry-Biabaud

L'équipe du Défi Intégration passe le mythique cap de Bonne-Espérance le 27 octobre 2010.

© Martin Coudriet

L'équipage Team Jolokia à bord de *Libertalia* devant Lorient en 2013.

© ROLEX/Daniel Forster

Passage du Fastnet Rock lors de la Fastnet Race 2013.

© Nicolas Henry

À Port-la-Forêt en 2016 avec l'équipe technique de COMMEUNSEULHOMME sous l'objectif de Nicolas Henry, comme pour chacun de mes bateaux.

© Nicolas Henry

Un magnifique ciel d'encre devant les Glénan, en 2016, quelques jours avant mon premier Vendée Globe.

© Jean-Marie Liot

Mon arrivée aux Sables d'Olonne le 13 février 2017, qui vient clôturer 99 jours de navigation en solitaire, l'expérience la plus folle de ma vie. La joie, la fierté et l'âpreté du combat se lisent sur mon visage.

© Marie Lattanzio

Avec mes parents, Régine et Fortuné, à Noirmoutier en 2023.

Ahoy au mouillage aux Marquises, dans la baie de Taaoa à Hiva Oa.

Avec Gonzague de Blignières, LE mécène de mes aventures depuis 2008. La photo a été prise à mon arrivée du Vendée Globe en 2017.

Décembre 2022, avec Jean Le Cam sur le chantier de STAND AS ONE, chez Persico Marine à Bergame, en Italie.

© polaryse

STAND AS ONE au départ de la transat CIC le 28 avril 2024 à Lorient.

© Yves Quéré

Baptême de STAND AS ONE au Havre autour de Raphaël Palti avec Christophe Beaunoir (Saipol) et Mat Bastard, David Raison et toute l'équipe de STAND AS ONE.